帝国の傲慢 下

MICHAEL SCHEUER
IMPERIAL HUBLIS
WHY THE WEST
IS LOSING
THE WAR ON TERROR

マイケル・ショワー著
松波俊二郎訳

日経BP社

IMPERIAL HUBRIS
by
Anonymous

Japanese Translation Rights arranged with
Brassey's, Inc. in VA
through The Asano Agency, Inc. in Tokyo.

帝国の傲慢（下）

下巻目次

『帝国の傲慢・下巻』

第六章　傲りの果ての自業自得　71

第七章　アメリカの頑迷な政策が敵を利する　147

第八章 将来に向けて論ずべきこと 195

上巻
目次

『帝国の傲慢・上巻』

第四章　世界が描くビン・ラディン像　211

第五章

ビン・ラディンから見た世界

戦争とは思想と言葉にかかわるものである……（中略）……この関係を考えることはアメリカ人にとってとりわけ難しい。なぜならば、アメリカは国全体として、言葉と思想が非常に重要であるということを信じていないようだからである。しかし、これから一〇〇年のあいだに世界の原理主義者たちが聖典をどのように読むかということが、何百万の人々の生死を左右する問題となるだろう。

ケント・グラム（一九九九年）[*1]

しだいに明らかになってきたビン・ラディンの人物像は、憎しみで頭がいっぱいの愚かな狂信者という単純な諷刺画よりもはるかに意味深く、複雑で、周到なものだ。「人は誰でも夢を見る。ただし、同じように夢見るわけではない」と書いたのは、「アラビアのロレンス」と呼ばれた伝説的人物Ｔ・Ｅ・ロレンスである。「夜間にぼんやりした頭の片隅で夢を見る者は、朝になって目覚めれば、夢は虚ろだと気づく。が、昼間に夢を見る者は、危険だ。彼らは目をしっかりと見開いたまま夢を実行し、実現させるからである」。ビン・ラディンは、まさに、ロレンスが言及した危険な人物である。

ブルース・ホフマン（二〇〇一年）[*2]

ウサマ・ビン・ラディンのビデオあるいはオーディオテープが『アルジャジーラ』や『アルアラビーヤ』に届いたらしいという噂が広まるたびに、アメリカの官僚たちのあいだに興奮と不安のおののきが広まる。まるで、一人の男の言葉が「祖国」に脅威をもたらすかのように──「祖国」は第二次世界大戦中にヒトラーやスターリンが好んで使った言葉で、アメリカに関して使うには違和感のある言葉だ。いずれにせよ、テープはただちに再生され、ビン・ラディンの声明が終わるか終わらないうちにアメリカ政府内から憤りの声が噴出し、弁論術の専門家が大挙してアルカイダの最新メッセージに襲いかかる。米国務省はアラビア語衛星放送局が「無責任に」テロリストのメッセージを放送したことを非難し、米政府高官や学識経験者たちがただちに追従する見解を発表する。公式な遺憾表明が続く一方で、テープを見た政府関係者やメディア専門家に対してさまざまな質問が殺到する。どうやら、アメリカ合衆国の安全保障確保を目的とする質問らしい。いわく、ビン・ラディンの髭は以前より伸びていますか？　白髪が多くなっていますか？　おや、左の肩を動かしていませんね。負傷したのでしょうか？　死にかけているとか？　これが彼の声ですか？　いつもより声が嗄れていませんか？　前回より水を飲む回数が増えていませんか？　それは腎臓機能が低下しているということでしょうか？　ほう、山を下りるのに杖を使っていますね。腰が悪いのでしょうか？　ここに映っている岩についてはどうですか？　火成岩でしょうか、堆積岩でしょうか？　地質学者に聞いてみましょう！　アフガニスタンのどのあたりの岩なのか、わかりますか？　あそこに見えるのは春の花ですか、それとも地衣類でしょうか？　待って！　左から三番目の山頂に見えるモミの木は？　衛星画像で場所が特定できませんか？　これまでより顔色が悪いようですが？　着ているのはアラブ風の服でしょうか、それともアフガン風？　背後から聞こえるのは鳥の鳴き声でしょうか？　鳥類学者を呼んできてください！　あの帽子を見てください！　これまで、あのタイプの帽子を被っていたことがあるでしょうか？　ベルトにはさんでいるのは短剣ですか？　なぜベルトに短剣をはさんでいないのでしょう？　おや、しきりにまばたきしています！　あれは、まばたきによって攻撃命令を伝えているのでしょうか？　まばたきの暗号解読専門家を呼んでください！　それから……

こうした大騒ぎの中で、最も見逃されているのがビン・ラディンの言葉だ（ビン・ラディンが頻繁に利用したウェブサイトについては、本書巻末を参照のこと）。実際、欧米の主要メディアはビン・ラディンの声明をきちんと伝える努力をしていない。そのため、視聴者はビン・ラディンの思想や行動を文化的・歴史的文脈の中でとらえて致命的な脅威をきちんと理解しようにも、そのための手がかりが得られない。平静に几帳面に語るビン・ラディンの言葉は、一語一語ていねいに積み上げられ、以前からのテーマをくりかえし、洗練し、最近の世界の出来事やアメリカの行動などに言及する。九月一一日のテロ攻撃以来、ビン・ラディンの発言は減っている。戦況が緊迫しているせいでもあり、また、沈黙の力を知っているからでもある（西側、とくにワシントンは、沈黙の力を長く忘れている）。発言するとき、ビン・ラディンは古いテーマと新しいテーマを両方とりあげる。継続性を重視するからである。過去からの継続性を強調しながら、イスラム教徒の結束と防衛的聖戦《ジハード》を余儀なくさせるイスラムへの攻撃について語る。自分とアルカイダの主要な役割は聖戦《ジハード》を鼓舞することである、と、ビン・ラディンは語る。アッラーは一人一人のイスラム教徒に対して各自の最善をつくして聖戦《ジハード》に協力するように、そして若い男性が先頭に立つようにと命令しておられる、と語る。またアメリカを聖戦《ジハード》の主要な軍事目標としておくことが極めて重要である、と語る。そして、ムッラー・オマルとタリバンがアフガンを奪回できるよう協力することがイスラム世界の義務である、と語る。新たなテーマとして、ビン・ラディンは連合諸国に対してイスラム世界におけるアメリカの行動を支援しないよう警告し、「背教的」イスラム政権に対するイスラム原理主義勢力の限定攻撃を是認し、親米的イスラム政権を支持しているイスラム聖職者・法学者を厳しく糾弾し、アメリカ国民に対して直接訴えかけている。九月一一日以降の言辞を見るにつけ、ビン・ラディンは、われわれが彼を知るよりもはるかに深くわれわれのことを知り、われわれがどう反応するかを知っている、と言わざるをえない。

イスラムの正論

ビン・ラディンにとって、十字軍によるイスラム攻撃こそ最大のテーマだ。防衛的聖戦《ジハード》を呼びかけるメッセージの神学的信頼性は、イスラム世界が非イスラム勢力――ビン・ラディンによれば、アメリカ率いるキリスト教十字軍およびユダヤ教徒――から攻撃を受けていると確信させるだけの説得力があるかどうかにかかっている。残念ながら、イスラム世界におけるアメリカの政策と行動は、「あなたがたはわがイスラム共同体に対して甚大なる抑圧、不正、殺戮、略奪をおこなった。それゆえに、われわれは宗教の命じるところによって反撃しなければならない。われわれはアメリカに対してイスラム世界を防衛する。われわれの土地と人民を守る目的であるから、これは防衛的聖戦《ジハード》である」というビン・ラディンの主張をはっきりと裏付けている。それでは、ビン・ラディンの言う「甚大なる」被害とは、何か。少なくともイスラム世界の見方において、ビン・ラディンの主張は筋が通っていると言わざるをえない。「野蛮な敵は自分たちが何十年も前にイスラム世界とイスラム教徒に対して始めた戦争を継続するにあたって、証拠や口実など必要としないのではなかったか」――九月一一日のテロ実行犯たちの遺書がアメリカ政府の対テロ戦争を正当化する根拠である、とした見解に対して、ビン・ラディンはこう反論している。

いったい、十字軍とユダヤ人が五〇年以上も続けてきた虐殺を正当化するほどの罪をパレスチナ人が犯したという証拠が、どこにあるのか？　歴史に前例を見ない経済封鎖と殺戮が正当化されるほどの罪をイラク人が犯したという証拠が、どこにあるのか？　米国を先鋒とする西側の十字軍がセルビア人勢力を野放しにして国連監視下でイスラム教徒を虐殺し追放した行為を正当化するほどの罪をボスニア・ヘルツェゴヴィナのイスラム教徒が犯したという証拠が、どこにあるのか？　牛を崇拝する者どもが五〇年以上にもわたってカシミールの人々に血の制裁を科してきた行為を正当化する根拠が、いったいどこにあるというのか？　野蛮なソ連軍の侵略を受け、続いて共産党によって何千万単位で殺害され殲滅《せんめつ》され祖国を追放されるほどの罪を、チェチェンやアフガニスタンや中央アジアのイスラム教徒が犯したというのか？　アフガニスタンを破壊し、イスラム教徒を殺害・追放した日、アメリカはそれを正当化するどのような証拠を持っていたというのか？　しかも、アメリカはそれ以前にも国連の監視下でアフガニスタンに対して不当な経済封鎖をおこなっている。同じく国連の監視下で、インドネシアは二つに切り裂かれ、イスラム教徒はチモールから追放された……（中略）……さらに、同じく国連の監視下で、アメリカはソマリアに介入し、殺戮をおこない、イスラムの地を冒瀆した。フィリピンに対しては、十字軍寄りの統治者に対してフィリピン国内のわがイスラム同胞を殲滅せよという前代未聞の要求をおこなった。悪業は数えきれない。世界各地で十字軍とシオニストの組織による殲滅作戦の対象になっているイスラム教徒たちは、アッラーを神と呼んだこと以外、何の罪も犯してはいない。[*3]

ビン・ラディンの告発は、西側諸国がイスラム教徒に敵意を抱いているという信念に色付けされてはいるものの、大半は事実に裏付けられた主張だ。右に列挙された衝突は、すべて実際に起こったか、あるいは現在進行中であり、さらに重要なことに、これらをイスラム世界とイスラム教徒に対する攻撃とみなすビン・ラディンの見解に世界中のイスラム教徒が同調している。十字軍からの「猛攻」を受けているとなれば、コーランが命ずる正しい対応は防衛的聖戦《ジハード》である、というビン・ラディンの主張はイスラムの教義に適っている。「イスラム教徒には『もう一方の頰を差し出す』という考え方はない。また、剣を鋤刃《すき》に打ち直し、槍を打枝機に作り直す、という考え方もない」と、バーナード・

ルイスが『聖戦と聖ならざるテロリズム』で指摘している。[*4] イスラム戦術研究家ジェームズ・ターナー・ジョンソンは、聖戦《ジハード》にはいくつかの形態があるものの、「イスラム法学者は剣による聖戦が必要だと考えている。第一に、すべての争いの根源であるダール・アルハルブ［戦争の家、この場合はアメリカ率いる西側勢力］がダール・アルイスラム［イスラムの家］に対してそれを余儀なくさせているからだ」と書いている。[*5] 二〇〇二年にアメリカ国民にあてた書簡の中で、ビン・ラディンもジョンソン教授と同じ言い方をしている。「なぜ、われわれはあなたがたに対して聖戦《ジハード》をおこなうのか」という問いを投げかけたあと、ビン・ラディンは次のように答えている。「答えは極めて単純だ。あなたがたがわれわれを攻撃し、いまも攻撃を続けているからである」[*6]

イスラムの怒りを煽る

イスラムに対する脅威をアメリカ率いる十字軍からの攻撃と定義し、防衛的聖戦《ジハード》が唯一適切な対応であると結論づけたうえで、ビン・ラディンはアルカイダに重要な役割があると考えている。アル・ザワヒリの言葉を引くならば、「イスラム国家の先鋒として敵と最後まで戦う決意であり、敵の悪事や悪徳に屈服しない」ということだ。[*7] ビン・ラディンにとってアルカイダが重要なのは、個人的な貢献対象だからではなく、集団の軍事的能力が優れているからでもない。自分とアルカイダの力だけでイスラムの勝利を達成することは不可能であるとビン・ラディンは常々強調している。ビン・ラディンが考えるアルカイダの最大の役割とは、イスラム教徒を防衛的聖戦《ジハード》へ駆り立て、志願者の訓練や指導に尽力することだ。ビン・ラディンは、アルカイダはイスラム初期の指導者たちの例にならってこうした役割を自らに課すことにしたのだ、と語り、「アッラーは人間の中で最も優れた者すなわち預言者ムハンマドにそれを求めた」と述べている。[*8] ムハンマドにならい、ビン・ラディンは、十字軍に対抗するには「わがウンマ（イスラム共同体）に必要な霊感を与えること」が非常に重要である、と強調する。[*9] 九月一一日のテロ攻撃直後、ビン・ラディンは次のように説明している。

わたしの義務は、ただイスラム教徒を目覚めさせることだ。彼らにとって何が善で何が悪なのかを知らせることだ……（中略）……アルカイダは不信心者に対する聖戦《ジハード》を戦うため、とりわけ異教徒の国々によるイスラム諸国への猛攻を迎え撃つために作られた。聖戦《ジハード》は、イスラム教の第六番目の行である。イスラムに敵対する者はみな、これを恐れている。アルカイダは聖戦《ジハード》を存続させ活発化させてイスラム教徒の日常の一部にし、聖戦《ジハード》に礼拝と同じ地位を与えたいと望むものである。[*10]

ビン・ラディンはいつも、一人一人のイスラム教徒が防衛的聖戦《ジハード》において役割を果たさなければならない、なぜならそれは「集団的義務（ファルド・キファーヤ）」ではなく「不参加の許されない個人的義務（ファルド・アイン）」だからである、と強調する。[*11]「われわれの国には資源や才能が豊富にある。そして、最も重要な資源は、戦いのエネルギーであり争いの原動力であるイスラム人民にほかならない」と、ビン・ラディンは語っている。[*12] そして、こうした責任を誰よりも負うのが聖戦《ジハード》の真のリーダー、すなわち「心正しき学者、布教者、改革者」なのだという。[*13] 自分がアメリカとの戦いにおいてリーダーシップを取ったのは最高位のイスラム聖職者たちがサウジアラビアをはじめとする中東諸国やアメリカにおいて投獄されていたからである、通常ならばイスラム神学者や法学者や聖職者が「聖戦《ジハード》の先頭に立ち、戦闘や行軍を指揮すべきところなのである」と、ビン・ラディンは主張する。[*14] イスラム学者たちが自由に発言できる環境にあれば、イスラム教徒を聖戦《ジハード》の非軍事的側面に動員することがもっと容易だったはずだが、現状では彼らの釈放は望めず、サウジ王室やムバラクらに金で雇われたイスラム聖職者らの言辞に怒ったビン・ラディンは、聖職者たちに改めて義務を指摘すべく次のように書いている。

したがって、今日の聖戦《ジハード》はウンマ（イスラム共同体）全体に否応なく課された義務である。そして、ウンマは、不信心者の邪悪な行為からパレスチナをはじめとする世界のイスラム教徒を守る聖戦《ジハード》を戦い抜くために必要なだけの息子たちを生み、富を生み、力を生まないかぎり、罪から脱することはできないのである。

あなたがたの第一の義務は国民に対して真実を語ること、暗黒に対峙するときもはっきりと恐れずに真実を宣言すること。これは、アッラーとの契約に定められていることである。「アッラーが、聖典を授けられた人々と契約を結ばれた時のこと、『誰にでも堂々と公開して見せよ。決して隠したりしてはならぬぞ』ということであったのに……」

権力者のお抱え学者や支配者のお抱え聖職者が人々を欺いたり誤った方向へ導いたりする危険があるから、あなたがたの職務は重要なのである。こうした学者や聖職者たちは宗教を商売にし、国民の前で責任者に任じられ、一時の利益のために信仰を売り渡した連中である。[*15]

聖職者にも兵士にもならない大多数のイスラム教徒に対して、ビン・ラディンは、「誰も彼もが聖戦《ジハード》に参加したら多すぎて困るというような場所は一つもない」と呼びかける。[*16]すべてのイスラム教徒には神からの「命令」によって割り当てられた役割があるからだ。アブー・アイマン・アルヒラーリーは、二〇〇二年三月に、「つまり、イスラム国家の国民は誰でも、自分の立場と能力の範囲において、可能なあらゆる方法（爆弾、ボイコット、煽動、逮捕、資金援助、啓蒙、祈り、暗殺……）を使って聖戦《ジハード》に参加できる、ということだ」と、オンラインマガジン『アルアンサール』に書いている。[*17]たとえば、ビン・ラディンはイスラムに対する西側メディアの「悪意に満ちたキャンペーン」をとりあげ、イスラムの出版社や放送局に対して「各々が自社の取るべき立場に立ち、西側のビデオ、オーディオ、プリントメディアと対決すべく必要な役割を果たすように」と呼びかけている。[*18]裕福な者たちも聖戦《ジハード》への参戦を求められている。なぜならば、「アッラーの大義のために金を使うことは宗教的義務」であり、銃を撃つのと同じように必要なことだからだ。「商人も金融業者も、戦いを望ましい目標に向けて進めるためには他の人々と同じように重要な役割を負っているのである」と、ビン・ラディンは説明する。「あなたがたが使う金は、たとえ少額でも、われわれを全滅させようとする敵の勢いを止める力がある……（中略）……富による聖戦《ジハード》において、裕福なイスラム教徒はそれほど裕福でないイスラム教徒よりも重い義務を負っている」*19

ビン・ラディンは「聖戦《ジハード》における女性の役割は男性の役割に比べてけっして小さいものではない」と、女性にも広く聖戦《ジハード》への参加を呼びかけ、現代のイスラム女性をイスラム初期のヒロインたちになぞらえて、女性が戦いの中で果たしてきた役割に敬意を表しつつ、さらに大きな期待を表明している。

断固たる決意をもって兄弟を英雄的行為の舞台へ送り出した貞女のあとに続く姉妹たちよ。あなたがたこそ、パレスチナ、レバノン、アフガニスタン、チェチェンで聖戦《ジハード》を戦うすべての男たちを鼓舞し動機づける人たち、そしてそれ以前に、彼らを育てた人たちである。あなたがたこそ、ニューヨークとワシントン征服の英雄を生んだ人たちである。

われわれは、何を忘れても、かのパレスチナ人イスラム女性の聖地における英雄的行為と男性さえ及ばないほどの果敢な抵抗を忘れはしない。彼女は神聖なるアルアクサー・モスクのために、夫の命も息子の命も惜しまなかった。さらに、自らの身をも捧げて殉教者の列に加わり、この世の誘惑にも魅力にもいっさい目をくれず、神の御許に場所を得たのである。

イスラムの女たちよ、われわれは今日あなたがたに大きな期待をかけている。アッラーに忠実であるならば、宗教を、民族を、そして預言者のスンナを支えるうえで、あなたがたに足りないものは何もない。[*20]

これまでの一〇年と同じく、ビン・ラディンはイスラムの若者たちとの対話にも力を入れ、防衛的な義務である聖戦《ジハード》はすべてのイスラム教徒の義務ではあるが「老人よりも人生の盛りにある若者にとってより大きな義務である」と述べている。[*21] 二〇〇一年九月一一日以来、若い男性に対するビン・ラディンの口調が少し変わってきている。それまでは若者を批判し恥の意識を煽って行動を起こさせようとしていたものが、テロ攻撃以降は若者を励まし称賛する内容になってきている。おそらく、世界中で戦闘を展開している一〇余りのイスラム原理主義反政府勢力に若者たちの参加が相次いでいることが原因だろう。確かに、アルカイダは人集めには苦労していないようだ。前述したように、二〇〇一年末にアルカイダは戦士たちをアフガニスタンから出国させた。その戦士たちが、二〇〇三年なかばごろから再びアフガニスタンに戻りはじめている。ワシントンがいつになってもイスラム世界に対する政策を改めず、イスラエルのパレスチナ人に対する残虐行為を相変わらず黙認しつづけるのを見たイスラムの若者たちが、ビン・ラディンの呼びかけやイラク侵攻とは別に、自主的に聖戦《ジハード》に志願するようになったものと思われる。ビン・ラディンにとって、新兵募集に最も好都合な展開は、アメリカがイスラム世界に対してこれまで三〇年間やりつづけてきたことを今後も継続してくれることだ。イラク侵攻とそれに続く反政府活動は、アルカイダにとっておまけのようなものだ。

ビン・ラディンが若者に対する口調をやわらげたのは、イスラム青年が聖戦《ジハード》に志願するという伝統を徴兵制のような形で定着させるための意図的な工夫とも考えられる。ビン・ラディンは歴史を書く者の立場から、イスラムの若者たちに対して、彼らはいまやウンマの防衛者として――古代イスラム史の若者たちと同じように――不動かつ信頼できる存在であり、あとに続く世代も彼らの模範にならうだろう、というメッセージを伝えようとしているのだ。九月一一日のテロ攻撃のあと、ビン・ラディンはイスラムの若者たちに向かって次のように語っている。

われわれは若いころからずっと戦ってきた。われわれはアッラーの道において、家を犠牲にし、家族を犠牲にし、世俗のあらゆる贅沢を犠牲にしてきた。若いころ、われわれは当時世界の超大国であったソ連と戦い、(アッラーの助けによって)勝利した。そしていま、われわれはアメリカと戦っている。われわれはけっしてイスラムのウンマを失望させたことはなかった……。

われわれ大人はウンマの若者たちのために聖戦《ジハード》の道標を立て、道を示した。若者たちよ、あなたがたはこの道をたどるだけでよいのだ。あなたがたの後に続く世代に、この体験を伝えてほしい。われわれは、前の世代から受け継いだものをあなたがたに伝えた。あなたがたは、それを次の世代に伝えるのだ……。*22

若者たちに聖戦《ジハード》への志願を促すために、ビン・ラディンはイスラム史との一体感を強調するだけでなく、九月一一日のテロ実行犯の例も大いに活用している。西側世界は、イスラム教徒とくに若者たちが九月一一日のテロ実行犯に寄せる賞賛、尊敬、愛情を過小評価しすぎている。われわれ西側の人間は、これまで何年もパレスチナの自爆テロを見てきて、かの若者たち（いまや女性も含まれる）は貧困、教育の欠如、失業、絶望、あるいは世を拗《す》ねた政治家や宗教指導者たちによる洗脳の犠牲となった気の毒な人たちだと思い込んできた。つまり、西側世界においては自殺は絶望やパニックや精神の病が原因であるから、イスラム教徒も同じだろうと考えたわけだ。われわれは自爆テロを否定的な行為と見てしまう。経験上、それ以外の見方ができない。いまだに、われわれは自爆テロを欧米人の目で見ることしかできず、それゆえ自爆テロをおこなったパレスチナ人の若者が英雄視されていることを理解できずにいる。しかし、大多数のイスラム教徒にとって、彼らは「自爆テロ実行犯」ではなく「殉教者」であり、個人よりも重要な大義、神によって裁可された大義のためにわが身を捧げた英雄なのである。自爆テロは、西側から見れば自暴自棄で気が変になった人間が起こす悲劇的で野蛮な行為と解釈されるが、イスラム世界から見れば自己犠牲と愛国心と信仰心にもとづく英雄的行為であり、非難されたり嫌悪されたりすべきものではなく、畏怖と尊敬の念をもって手本と仰ぐべき行為なのである。さらに、イスラム教徒から見れば、これは五〇年以上にわたってパレスチナを占領しパレスチナ人を三世代にわたって難民キャンプへ追いやってきたイスラエルに対する正当な軍事的対応でもある。

九月一一日の攻撃は、狙いどおりに自爆テロを一段高いレベルに引き上げ、イスラム世界の目が「キリスト教十字軍とシオニストの連合軍」対「神の防衛隊ムジャヒディン」の死闘に注がれることになった。「この若者たちは、ニューヨークとワシントンにおいて、行為を通じて発言した。世界中のすべての演説から輝きを奪うほどの発言である。彼らの発言はアラブ人にも非アラブ人にも――中国人にさえ――理解された」と、ビン・ラディンは述べた。[*23]西側は自殺に対する西欧の価値判断にもとづいて自爆テロの実行犯たちを邪悪とののしり、罪のない人間を殺すことだけを目的とした野蛮な殺人鬼と痛罵し、ここでも自爆テロ行為を自暴自棄と洗脳の産物であると決めつけた。たとえば、放映を念頭に置かずに撮影されたビン・ラディンのビデオが押収され、九月一一日のテロ実行犯について語るビン・ラディンの姿がテレビで報道されたとき、西側の政府高官や情報アナリストやジャーナリストはほとんど異口同音に、ビン・ラディンの口調は冷笑的・独善的であり、その日に自分たちが死ぬことさえ知らされぬまま飛行機に乗り込んだ実行犯たちの愚かさを笑っている、と分析した。西側の分析は、一九人のテロ実行犯をビン・ラディンが操作する極悪非道のゲームに使われた哀れな手先として描いた。それは、西側の考える自爆テロリストが生まれる背景と完璧に符合する図式であった。

しかし、イスラム世界とイスラム教を防衛するためには命を犠牲にしなければならぬときもある、と考えるイスラム教徒の目と耳で九月一一日の出来事を考察してみれば、ビン・ラディンのビデオテープはかなり違った意味を持ってくる。ビン・ラディンはテープの中で、集まった人々に次のように語っている。「作戦を遂行した兄弟たちが知っていたのは、作戦に参加すれば殉教することになる、ということだけだった。われわれは彼ら一人一人にアメリカへ行ってくれるよう頼んだが、彼らは作戦については何一つ知らされていなかった。しかし彼らは訓練された人間であり、われわれは彼らがそこ［アメリカ］に到着し飛行機に搭乗する直前まで作戦の内容を明かさなかった」[*24]。西側の人間には冷笑的で無慈悲な操作と聞こえる内容が、イスラム教徒の耳には、イスラム防衛のために何一つ尋ねることなく命を差し出した若者たちに対する畏怖と賞賛の気持ちに打たれた指導者が静かな声に誇りを込めて語る哀歌、と聞こえているのである。声明の後半でビン・ラディンが述べていることは、一九人のテロ実行犯に対して多くのイスラム教徒が抱いた思いを代弁していると思われる。

彼らは神のための聖戦《ジハード》が正義を打ち立て虚偽を打ち倒す方法だということを理解していた。彼らは神のための聖戦《ジハード》が不信心者の暴政を阻止する方法だということを理解していた……（中略）……彼らは最後の審判に備えて答えを用意しようとしたのである。神と来世を信じ、ムハンマド――彼の上に神の平安あれ――の伝統にならう気持ちに鼓舞されて、彼らは故郷を後にしたのだ……[*25]。

アメリカから見れば邪悪な自爆テロ実行犯は、イスラムから見れば殉教の英雄であり、預言者の指導に従ってその足跡をたどり、神の言葉に従う善男善女ということになる。こうした見方は、『アルジャジーラ』テレビが放送したテロリストたちの遺言ビデオを見た視聴者の反応やメディアの論調にはっきりと表れている。西側は、パレスチナや九月一一日の自爆テロリストが多くの若いイスラム信者のロールモデルになっている現実を軽視しすぎている。二〇〇一年九月一一日以降も自爆テロの大半はアラブ人によってアラブの土地で実行されているが、グロズヌイ、チュニジア、ジャカルタ、モスクワ、カシミール、インド、バリなど遠隔の地で起きた英雄的な自己犠牲行為に対しても、イスラム教徒はまったく同種の視線を注いでいる。ビン・ラディンが彼らの実行力に畏怖の念を抱き、その件数に力づけられるのも、理由なしとしないのである。二〇〇二年一〇月、ここでもビン・ラディンは歴史にさりげなく言及し、現代の若いイスラム戦士たちを昔《いにしえ》の若き英雄にたとえて、若者は「イスラム国家の歴史を通じて常に変革の原動力であった」し、今日もそうである、と歓喜の声明を出した。「おおイスラムの若者たちよ、あなたがたが架けた犠牲の橋を渡って、この国は栄光の舞台へ、名誉の殿堂へ、人類に幸福と慈悲をもたらす穹窿《きゅうりゅう》へと至る。あなたがたは戦場の騎士であり、戦闘の英雄である」とビン・ラディンは書いている。[*26]

ビン・ラディンの声明が唯一不満の色――怒りとかすかな絶望――をおびる箇所は、聖戦《ジハード》の非軍事的側面に対する支持の増大を呼びかける部分だ。ビン・ラディンはイスラム同胞に対して、アルカイダだけでは不信心者を倒すことはできない、と訴えている。二〇〇二年一〇月、非軍事的側面で聖戦《ジハード》を支援できるにもかかわらず手をこまぬいているイスラム教徒たちに対して、ビン・ラディンは、「誰も引き受けない役割を［アルカイダのような］特定の集団が実行していることを考えれば、一般の人々こそ戦いの燃料であり爆薬なのである」と発言した。[*27] アルカイダの役割はまさに「起爆装置」のようなもので、「攻めてくる敵を撃退するという行為を民族のごく小さな部分が引き受けている」

と、ビン・ラディンは述べている。[*28] 前述したように、イスラム原理主義武装組織への志願者はイスラム社会のあらゆる階層から出ており、この点は問題がないし、ビン・ラディンらが攻撃対象としている現在のアメリカの政策とイスラエルの行動が続くかぎり、将来的にも問題はないだろう。ビン・ラディンが不満を感じているのは、神学者や法学者、富裕層、大学教授、メディア等々イスラムの中・上流階級がムジャヒディンを十分支援していない、という点なのである。二〇〇一年一一月、ビン・ラディンは、「一般の人々は、[聖戦《ジハード》の必要性を] 理解している。問題なのは、不信心者と共謀して [裕福なイスラム教徒の] 良心を眠らせ、彼らが神の言葉に従って聖戦《ジハード》の義務を実行することを妨げているイスラム政権に追従しつづけている者ども」である、と発言している。[*29] また、この階層の人々が聖戦《ジハード》に協力せず背教的政権を支持している点を見ると、「敵の優位はわれわれの自業自得の部分もあると認めざるをえない」とも発言している。[*30]

アルカイダのメディア部門がイスラム社会にメッセージを伝える手段は、おもにオーディオ・ビデオテープ、インターネットに掲載される記事、そして集団の指導者が出す声明だ。これらは情報を提供するだけでなく、「一般の人々」の熱意と参加意識を煽り、ムジャヒディンを支援し信仰を守るために神が要求していることを実行しない富裕層に恥の意識を感じさせることを目的としている。これはとくに有効な戦術だ。イスラム文明においてはいまだに恥の意識が動機として強い力を持っているからだ。たとえば、二〇〇二年六月、ビン・ラディンは自らが抱いている不満を表現した詩を発表し、イスラム社会の怠け者たちに恥の意識を持たせようとした。詩は、ビン・ラディンの息子ハムザの詩に応答する形式で書かれている。

われわれが怠惰と不平の世界に住んでいる以上、わたしは何を言うことができよう?
視覚も知覚も溟濛《めいもう》な世界において、わたしは何を言うことができよう?
国家は蹄《ひづめ》を持つ家畜のように売り買いされている。

息子よ、許せ、父の目には行く手に険しい道しか見えぬ。
放浪と旅で一〇年が過ぎた。
おまえはわたしに何を尋ねているのか?
覇気を奪われた人々のことか?

われわれはいま悲劇の中にある。
安全は去り、危険は未だ解消せぬ。
子供らが牛のように殺される言語道断の世の中だ。
シオンの民がわが同胞を殺し、アラブの民は相談に明け暮れている。*31

この詩はビン・ラディンの不満を表現するだけでなく、メッセージを伝えるさまざまな効果的手段を駆使できるビン・ラディンの力を示してもいる。今日のイスラム世界、とくにアラブ社会においては、詩は欧米においてよりはるかに高く評価され、公的な発言においてもよく使われている。詩という形式を通じて、ビン・ラディンはイスラム指導者が公的発言において詩を詠じ文学的・歴史的故事に言及してきた長い伝統をふまえてみせると同時に、指導者に求められる文学的知識を披瀝しているのである、とモントリオールのマッギル大学アラビア文学教授イッサ・ブラータが解説する。「アラブ世界における詩の役割は、欧米文化に比べてはるかに幅広いのです」と、ブラータ教授は説明する。「ビン・ラディンは自分が指導者にふさわしい教養を備えていることを見せたいと考えて、伝統的社会が受容しやすい手段を使っているわけです。文字の読み書きができない人間でも、この種のアラビア語を耳で聞けば理解できます。彼らは毎日コーランを詠唱していますからね[*32]」

アメリカに標的を絞る

イスラム世界の怒りをアメリカ合衆国へ向けさせるために、ビン・ラディンは非常に困難な戦いを続けており、まだ完全な勝利をおさめてはいない。一九世紀のヨーロッパ植民地主義がイスラム世界に残した克服しがたい痕跡の一つは、イスラムの抵抗運動が各々の国の政権に向けられてしまうという傾向だ。しかも、まず「近くの」敵に聖戦《ジハード》を挑み、しかる後に「遠くの」敵に向かえ、とした預言者ムハンマドの命令がこの傾向に拍車をかけている。その結果、エジプト人は伝統的にカイロの政権に抵抗し、アルジェリア人はアルジェリアの政権に抵抗し、イエメン人はイエメンの政権に抵抗する、といった図式になっている。アフガニスタンにおける対ソ聖戦《ジハード》では世界各国からイスラム教徒が集まって赤軍と戦ったが、その大半は戦争のあと各自の国へ戻って自国の政府と戦っている。アフガン戦争末期にビン・ラディンが世界の舞台に登場するまで、国ごとの枠に限定されたイスラム抵抗運動の方向を変えようとした指導者はほとんどいなかった。ビン・ラディンはイスラム民族国家が抑圧政策を続けられるのはアメリカの庇護と支援があるからだと主張し、また現実的にも*The Age of Sacred Terror*（神聖なるテロリズムの時代）の著者ダニエル・ベンジャミンとスティーヴン・サイモンが書いているように「聖戦《ジハード》戦士たちは国の治安組織に圧倒されている」と指摘して、攻撃の主眼をイスラム国家からアメリカ合衆国へ転換させるよう働きかけた。[*33] が、ビン・ラディンがこうした面で勝利――エジプトが最も顕著――をおさめても、他の指導者たちは西欧の支配が依然として続いているかのように国内に目を向けたままだった。

ビン・ラディンにとって未完成の仕事の中で、この部分が最大の軍事的課題であり、ビン・ラディンが殺害されたり拘束されたりした場合、アルカイダの活動の中でこの側面が最も大きく後退する可能性がある。国籍や民族においてメンバーが多岐にわたるアルカイダという組織を作り上げたことは非常に大きな成果であり――事実、現代イスラム世界においては前例を見ない偉業である――その功績の多くはメンバーの憎悪をアメリカ合衆国に向けさせたビン・ラディンの指導力に負うものだ。アルカイダがビン・ラディンなしでも現在の形態や結束力を保てるかどうか、まだ結論は出せないが、ロンドンのイブン・ラシード研究センター所長のアブドゥッラー・アルナフィースィー博士は、ビン・ラディンがアメリカに攻撃対象を絞っていることがアルカイダの結束力のカギであると主張する。「[軍事作戦をアメリカに絞るという]単純な方向性を打ち出したことが強さの源ではないか。イスラム組織には論争がつきものだが、アルカイダの組織内にはそういった論争が見られない」と、アルナフィースィー博士は二〇〇二年二月のインタビューで『アルジャジーラ』に語っている。[*34]

現在のところ、ビン・ラディンはイスラム世界の怒りをアメリカ合衆国に向けさせる作戦に勝利しつづけているようだ。最も新しい勝利は、アルジェリア最強の武装勢力がビン・ラディンに忠誠を誓ったことだ。二〇〇三年九月一一日、アルジェリアの布教と聖戦のためのサラフィー主義者集団の指導者たちは、今後ビン・ラディンの「指揮」に従ってアメリカを攻撃目標とする、と宣言した。この分野では客観的・科学的データの入手は難しいが、ギャラップとピュー・チャリタブル・トラストとBBCの世論調査は、アメリカの言動とビン・ラディンの言動が相乗的に働いた結果、イスラムの怒りをアメリカに向けるというアルカイダの目標にとって世論が非常に有利な方向へ動いている、という傾向を示している。たとえば、二〇〇二年二月のギャラップ調査によると、世界のイスラム教徒の五三パーセントがアメリカに対して「好ましくない」印象を抱いており、アメリカを描写する言葉として上位に選択された言葉は、「無慈悲」「攻撃的」「うぬぼれている」「横柄」「挑発に乗りやすい」「偏見がある」などであった。[*35] 二〇〇二年三月のギャラップ調査では、アルカイダおよびタリバンに対するアメリカの軍事行動に関して、パキスタン国民の八〇パーセントが「かなりまたはまったく道理が通らない」と考えていることがわかった。さらに、ギャラップ調査によれば、パキスタン以外の国々でも、モロッコ国民の八六パーセント、インドネシア国民の八九パーセント、クウェート国民の六〇パーセントが同じように答えたという。[*36] 二〇〇三年六月にピュー・トラストが実施した国際世論調査では、イスラム国家八ヶ国のうち七ヶ国において国民の過半数がアメリカによる侵攻を恐れており、ナイジェリアとインドネシアでは反米感情が「劇的に増大」しており、「イスラム世界の大半においてアメリカに対する支持は最低に落ち込んでいる」、という結果が出た。[*37] こうした現実の一端を垣間見るかぎり、現在のところ、左に紹介する二〇〇二年秋のビン・ラディンの呼びかけが支持されていると結論せざるをえない。

現時点において、この戦いにおける主眼は異教徒らの首領であるアメリカ人とユダヤ人に向けられねばならない。こちらが聖戦《ジハード》で応じなければ、彼らはわれわれに対する攻撃と支配をやめないだろう……（中略）……彼らの追従者どもを相手にした小競り合いで戦力や物資を浪費散財せぬよう注意し、不信心者の首領に攻撃を集中せよ。首領が崩壊すれば、他のものどももすべて崩壊し、消滅し、潰走するだろう。[*38]

アフガニスタンの重要性

アフガニスタンがアメリカの政府やメディア（『クリスチャン・サイエンス・モニター』は例外）の興味を引かなくなって久しいが、ビン・ラディンにとってアフガニスタンは依然として最も重要な地域である。欧米は見逃しているが、ビン・ラディンはアフガニスタンに愛着を抱いており、アメリカからの引き渡し要求を拒絶してアルカイダをかくまったムッラー・オマルとタリバンに対して個人的・宗教的に大きな恩義を感じている。一国の支配権を放棄してまでも一個の人間と宗教的信条を守ってくれる組織が、どれほどあるだろうか？　ビン・ラディンが一九九〇年代末にムッラー・オマルを「信徒の統率者」（カリフの別称）と認めて正式に忠誠を誓った事実についても、西側は、ビン・ラディンがタリバンの庇護に対して組織のトップに形式的な敬意を払ったにすぎない、という冷笑的な見方しかしていない。しかし、これまでのところ、ビン・ラディンがムッラー・オマルを世界最高のイスラム指導者と認めて尊敬していることは、どこから見ても明らかだ。二〇〇一年末、ビン・ラディンは次のように語っている。「ムッラー・オマルとわたしの関係は、信仰によって結ばれている。彼は、現代における最も偉大で、最も勇敢で、最も確信に満ちたイスラム教徒だ。彼は神以外に何も恐れていない」[*39]

タリバンに対する個人的な恩義を別にしても、ビン・ラディンをはじめとするイスラム原理主義指導者たちはアフガニスタンを世界で「唯一のイスラム教国」とみなし、そこで続いているアメリカ合衆国との戦闘はイスラム世界の将来を決する「イスラム不滅の戦いの一つ」であると考えている。[*40]「アルカイダの戦略の中心となる考え方は、イスラム過激派が国の主導権を握らなくてはいけない、というものだ」と、*The Age of Sacred Terror*（神聖なるテロリズムの時代）の中でスティーヴン・サイモンとダニエル・ベンジャミンが論じている。「彼らは、一つの国を支配することが世界中の世俗的イスラム政権をドミノ倒しに滅ぼすための序曲になると考えている……（中略）……領土支配を渇望するからこそ、アルカイダは自力でテロ攻撃をおこなうと同時に多くの国における反政府活動を支援するのである」[*41]。ここでもう一つ指摘しておかなくてはならないのは、アルカイダが支援しているイスラム原理主義反政府活動は、一つの例外もなく、かつてイスラムのものであった土地を取り返すための戦いであり、したがって防衛的聖戦《ジハード》の定義に合致する、ということだ。西側ではマスコミ受けを狙ってかビン・ラディンは「自分の究極の目標は西側の文明全体に打撃を与えることだとはっきり表明している」などという根拠のない指摘も聞かれるが、わたしの知るかぎり、アルカイダは新しい土地を征服するためにイスラム原理主義反政府活動を支援したことはない[*42]。にもかかわらず、西側では政治指導者でさえそのような極論に与する者がいる。たとえば、イギリスのジャック・ストロー外相は、二〇〇二年一一月にアルカイダがイスタンブールにある二ヶ所の英国施設を攻撃したことについて、「わが文明全体に対する攻撃」という表現を使っている[*43]。

それにしても、世界の最貧国に数えられる国と、戦傷者で隻眼でさほどの教育もないムッラーが、なぜイスラム原理主義にとってこれほど重要な存在なのか？　この答えも、イスラム史の中にある。イギリスが一九二四年にオスマン・トルコのカリフ制を廃止させて以来、イスラム世界の中心としてトルコに代わる国は出なかった。言い方を変えれば、イスラム世界は新しいカリフ制を立ち上げる基地となる国家、イスラム法シャリーアによって統治される国家を求めてきたのだ。エジプト人のスンニ派神学者でナセルに処刑され、ビン・ラディンをはじめとするイスラム原理主義者から英雄・導師と仰がれているサイイド・クトゥブは、「新しいイスラム体制のすばらしさは具体的な形をとるまで真価が理解されない。それを実現するためには、まず一つのイスラム教国を再興し、世界のリーダー的地位を持たせることが必要だ」と書いている。サミュエル・P・ハンチントンも一九九七年に、クトゥブと同じく、イスラムはオスマン・トルコの消滅以来「中核国家」と呼ぶべき存在を欠いている、と指摘している。ハンチントンは、「中核国家は、他のイスラム国家から文化的に同類と認識されるがゆえに命令機能を発揮することができる。文明は広範な家族のようなものであり、中核国家はその長老として傘下の国々に支援と規律を提供するのである」と論じている。[*44] サウジアラビア、イラン、パキスタン、トルコなど、こうした役割を果たそうとした国はいくつかあるが、「有力な中心」となり得た国は一つもなかった。なぜなら、「どの国もイスラム世界内部の軋轢を調停できるほど強い地位にはなく、どの国もイスラムと非イスラムのあいだの軋轢をイスラム代表として権威をもって処理することができなかった」からである。[*45] 一九九六年、タリバンによるカブール制圧と同時にアフガニスタンはイスラム法によって統治される正式なイスラム国家（首長国）となり、イスラム原理主義勢力は長いあいだ求めてきた基盤、すなわちイスラム神学者によって統治される国家、カリフ制復活の基礎となり得る国家を得ることになった。ただし、ムッラー・オマルの一流とは言いがたい学歴についてはいろいろと書かれ、世界的なイスラム指導者となるには不足であるという声が上がった。確かに、オマルの学歴はパキスタン、サウジアラビア、エジプトなど各国の神学者たちと比較すれば見劣りする。が、現実にアフガニスタンはイスラム教国であり、イスラム法シャリーアによって統治され、その指導者は聖戦《ジハード》で勝利をおさめたイスラム聖職者なのである。これらの要素に鑑み、ムッラー・オマルは最高の教育をおさめた聖職者ではないとしても――完璧なのは神だけである――この緊急事態においては適格と認めざるをえない。二〇〇二年一月にサウジアラビアの有力なイスラム神学者たちが集まってタリバンに寄せたコミュニケも、こうした現実を認めている。コミュニケはインターネット上で「信者の指導者……（中略）……ムハンマド・オマルおよび彼と共にあるムジャヒディンたち」にあてて出されたもので、「世界を二つの塹壕に分けた……」タリバンの勝利に対してオマルに祝辞を述べている。

　われわれ――イスラム神学者集団――は、われわれのウンマからあなたがたのような人々が出たことを名誉に思う。あなたがたは、現実に、イスラム教徒の至高と名誉をはっきりと表明してくれたからである。
　あなたたちだけが不信心でキリスト教徒のアメリカに対して頭を高く掲げたことを、われわれは証言しよう。アメリカの要求に対してイスラム教徒の中から「ノー！」と言い、重ねて「ノー！」と言う者が一人もいなかったこの時期に、あなたがただけがその言葉を口にした。あなたがたのおかげによって、イスラム教徒に祝辞を呈することができる。[*46]

最後にもう一つ、アフガニスタンがビン・ラディンと世界のイスラム原理主義勢力にとって重要である理由を挙げるならば、単純にそれがアフガニスタンであり、過去八世紀近くのあいだにイスラム教徒が西側に勝利することのできた唯一の土地だからである。赤軍に対する勝利は、当時も現在もイスラム世界にとって極めて大きな象徴的・感情的な力を持っており、アルカイダをはじめとするイスラム原理主義武装組織へ志願兵を引きつける原動力になっている。アフガニスタンの対ソ聖戦《ジハード》に関して西側メディアはときどき思い出したように報道する程度だったが、一九八九年にソ連が撤退して以降は、報道内容も麻薬、部族間の内戦、タリバン指導者の女性蔑視などが中心となった。その結果、西側はこの地でおこなわれた戦争がいわゆる「イスラムの覚醒」にとって重要な役割を果たしたという事実を見落とすことになった。アフガニスタンにおける聖戦《ジハード》の勝利は、何にも増して、神の意に沿うものであれば不可能なことはない、というスンニ派イスラム教徒の信条を目覚めさせるものだったのである。

もちろん、ビン・ラディンはこの点を見落とさず、アメリカのアフガニスタン侵攻を歓迎した。米兵を標的にできるからでもあるが、それよりむしろ、近年の記憶においてイスラム教徒が防衛――イスラム初期に預言者ムハンマドが大逆転勝利をおさめたバドルの戦いを思い起こさせる絶体絶命の戦い――に成功した唯一の土地に異教徒を誘いこむことができるからである。ここでも、歴史が重要な役割を果たすことになる。イスラム世界では、一四世紀前の預言者ムハンマドの戦勝が、今日なお言及の対象となるのである。「ウンマの初期の時代はすべてのイスラム教徒にとっていまだに生きた記憶である。なぜなら、そこには聖なるドラマがあるからであり、そうした意味で、イスラム史が宗教的意義を失ったことはない。イスラム教徒は、集団として、個人として、過去の出来事の延長線上に生きていることを自覚している。これはキリスト教からはほとんど消えてしまった（ユダヤ教においてはまだ残っている）感覚である」と、ジャーナリストのスティーヴン・シュワーツが著書*The Two Faces of Islam: The House of Sa'ud from Tradition to Terror*（イスラムの二つの顔——サウード家の伝統からテロリズムまで）に書いている。[*47] ビン・ラディンは米軍の侵攻を歓迎し、神の意であれば歴史は再びくりかえすだろう、と冷静に自信を表明している。「救いの手を差し伸べてわれわれを延命させてくださり、ソビエト帝国を打ち破るべくわれわれを安定させてくださったお方は、同じ土地においてアメリカを打ち破るために再びわれわれを延命させてくださるであろう。前回と同じく、神の恩寵という言葉をもって」。[*48] ビン・ラディンはこの戦争をイスラムの英雄サラディン対キリスト教界のリチャード獅子心王——今回は赤・白・青に身を包んでいるが——の再現ととらえ、「西側全体が、ほんのわずかの例外を除いて、この不公平で野蛮な侵攻を支持している」と、アフガニスタンの孤立無援を訴えた。[*49] ビン・ラディンはアフガン人の信仰心と部族の矜恃と外国に対する嫌悪に訴え、同時にアフガン人を支援しないイスラム教徒の恥の意識に訴えて、アフガン人はかつてソ連に立ち向かったように今回もイスラム世界の先鋒として盾としてアメリカに立ち向かうのだ、と激励した。

おおアフガンの民よ、神はあなたがたに正義をかかげて聖戦《ジハード》を戦う名誉を与え、神の偉大なる言葉を守るためにあらゆる大切なものを犠牲とする名誉をお与えになった。

おおアフガンの民よ、こうして語りかけながら、わたしはあなたがたが他の誰よりもよく理解してくれると確信している。なぜなら、アフガニスタンは歴史を通じて侵略者に一度として居座ることを許さなかった土地であり、その民は戦いにおいて強靭と決意と矜持と忍耐を誇るものだからである。この土地は一度たりともイスラム以外に門戸を開いたことはなかった。それは、イスラム教徒がこの地へ植民地主義者として来たのではなく、また、俗世の野望を抱いて来たのでもないからである。そうではなく、彼らは神への信仰を広め呼びかけるために来たのであった。[*50]

ビン・ラディンの愛着およびアルカイダをはじめとするイスラム原理主義勢力の戦略においてアフガニスタンが占める地位の重要性を考えれば、この国の支配をめぐるアメリカ合衆国との戦いはこれから先こそが本番であることは間違いない。

米・欧を切り離す揺さぶり

ここ一〇年近く、ビン・ラディンは発言の対象を少数の明快なテーマに絞り、メッセージをあいまいにしたり軍事力を拡散させたりする行動につながるようなテーマには手を広げないよう細心の注意を払ってきた。ビン・ラディンは九月一一日以降もこの方針を守ってきたが、状況からやむをえず主要テーマを一部修正したり拡大したりせざるをえない場面もあった。このような変更は、戦争の要請に応えつつ、ビン・ラディンのメッセージの本質と明快さを損ねないよう留意しておこなわれた。アルカイダは、それまで表明してきた優先事項と相容れない軍事作戦がいくつか実施される可能性があること——アメリカ合衆国に限定した攻撃から外れるケースがあるということ——を、イスラム教徒に予告している。二〇〇二年三月、アブー・アイマン・アルヒラーリーは『アルアンサール』に次のように書いている。

安全保障、軍事、政治上の必要性から、ムジャヒディンはマイナスに見える作戦をとらなければならない場合もある。これは敵の力を吸収し、さらに疲弊させ、消耗戦に持ち込み、要地とムジャヒディンを守り、大義を守るためである。そうした行動は暫定措置であり、現実的・戦略的バランス維持の一環として敵の侵略を阻止するためのものであると考える。*51

連合勢力の切り崩し

二〇〇一年九月のテロ攻撃から二年が経過して、ビン・ラディンはアメリカに攻撃を限定するという方針をいくらか緩和したように見える。その目的は二つある。第一は、ビン・ラディンと副官たちがアメリカに対する次の大規模攻撃を準備するあいだ、アルカイダ戦士たちに軍事活動の機会を与えるため。第二は、アメリカの連合国——とくにヨーロッパ諸国——に対して、アフガニスタンとイラクの戦争にかかわるな、アルカイダはその気になれば損害を与えることができるのだ、と警告するためである。ビン・ラディンとしては、ヨーロッパ諸国がアメリカを本気で支援するような事態は招きたくない、と考えている。ヨーロッパにおけるアルカイダの大規模攻撃が二〇〇四年三月のマドリード列車爆破テロ一件にとどまっているのは、それが理由だ。もちろん、このテロ攻撃はイラクに派兵しているスペインに損害を与えることだけを意図したものではなく、すべての西ヨーロッパ諸国に対してアルカイダは選挙戦を混乱させることができるのだ、という警告を与えるものである。多くの面で、マドリードの列車爆破テロは西ヨーロッパ諸国によるアメリカ支援を阻止するためのビン・ラディンの作戦であると考えるべきだろう。ヨーロッパ諸国を傍観者的立場にとどめておけるかどうかは、ビン・ラディンの知恵の見せどころだ。九月一一日以来、ビン・ラディンは難しい綱渡りを続けてきた。当初、ヨーロッパ諸国がアメリカのアフガン侵攻とタリバン・アルカイダ殲滅作戦をこぞって支持した時期には、ビン・ラディンは公式に怒りを表明したものの、アフガンが膠着状態に陥る二〇〇二年三月末ごろまでは反撃を控えていた。その後、ビン・ラディンはアメリカの連合国に対して、本格的参戦を招かない程度に警告の意味で攻撃をしかけはじめた。二〇〇一年九月下旬、ビン・ラディンはアメリカの連合国に対して次のように警告している。

ユダヤ人の陣地に加わった国に何が降りかかろうと、自業自得である。［アルカイダの公式スポークスマン］シャイフ・スレイマン・アブー・ガイスが、アメリカとイギリスについて彼らが驚かぬように前もって声明を出したが、実際には、彼は他の国々にも自国の打算を考え直すチャンスを与えたのである。日本は何をしようというのか？　何ゆえに日本はこの過酷で激烈で残忍な戦争に加わろうとしているのか？　これはわがパレスチナの子供たちに対する甚だしい侵害であり、日本はわれわれと戦争をするとは予告していなかった。したがって、日本は現在の立場を見直さなくてはならない。はるか南方のオーストラリアは、アフガニスタンのか弱き人々に関して何をしようというのか？　パレスチナのか弱き人々に対して何をしようというのか？　ドイツはこの戦争に関して何をしようというのか？　不信心に加えて、この戦争は以前の諸戦争と同じく十字軍の再現である。リチャード獅子心王、ドイツのバルバロッサ、フランスのルイ……（中略）……今日でも状況は同じだ。ブッシュが十字架を掲げた日に、皆一斉に進軍を始めた。十字軍に参加する国々が進軍を始めたのである。[*52]

ビン・ラディン自身もたぶん予想していたであろうが、彼の警告は誰にも顧みられることがなかった。ビン・ラディンはアフガニスタンの戦況がアルカイダとタリバンにとって安定するまで待ってから、アメリカに同調する国々に対する攻撃を開始した。第三章で列挙したように、ルイの末裔フランスは、パキスタンのカラチ（二〇〇二年五月）とイエメンのアデン沖（二〇〇二年一〇月）でアルカイダの攻撃を受けた。バルバロッサのドイツは、チュニジアのジェルバ（二〇〇二年四月）――このとき殺害された観光客はドイツ系ユダヤ人だったので、これはイスラエルに対する攻撃でもある――やパキスタンのマンシェラ（二〇〇二年七月）やアフガニスタンのカブール（二〇〇三年六月）で攻撃を受けた。リチャード獅子心王に比べるとかなり覇気に欠けるイギリスの末裔たちは、アフガニスタンの戦闘で殺害され、イスタンブール（二〇〇三年一一月）の爆発で吹き飛ばされた。さらに、二〇〇人近いオーストラリア人と幾人かのイギリス人がインドネシアのバリ（二〇〇二年一〇月）で犠牲になった。アルカイダは二〇〇二年一〇月、こうした攻撃の目的は「アメリカの対イスラム戦争を支援する連合諸国に対して、彼らがアッラーとムジャヒディンによる報復からいつまでも安全ではありえない、という強い政治的メッセージを届けるためである。彼らがこの連合関係に固執しつづけるのであれば、血と権益の重い代償を払う覚悟をしておかなければならない」と言明している。[*53] この声明を締めくくるにあたって、アルカイダは、「手遅れになる前に自分の立場を考え直そうという国には、まだチャンスがある」と、アメリカと連合する国々の自己利益に訴えている。[*54] ビン・ラディンとアルカイダは、この他にさらに二回、対米支援国に対して警告を発している。二〇〇三年二月にはそれまで言及した国々の名を総括し、また、イラク戦争終結後にはイラク戦争限定のリストを発表した。アルカイダは、各リストの大半に関して処理を終えている。ビン・ラディンが警告をどこまで忠実に実行したかについては、第六章で触れる。

いまのところ、アメリカの連合諸国に対するビン・ラディンの攻撃が警告の範囲を超えて九月一一日のような破壊的攻撃に至る可能性は考えにくい。というのは、二〇〇一年以降の世界の動きがアメリカとヨーロッパ諸国を離反させる方向に働いているからだ。アメリカ主導のイラク侵攻に先だって開催された国連会議では意見が割れ、グアンタナモ基地に収容されたアフガン戦争捕虜の扱いについてヨーロッパ諸国が怒りを表明し、イラクでの出来事をめぐってワシントンとヨーロッパ諸国のあいだでイラク戦争後に白熱した議論の応酬があった。こうした経緯があって、アメリカとヨーロッパのあいだに、ビン・ラディンが望むような距離が生じた。加えて、ヨーロッパ諸国はアルカイダの主たる標的がヨーロッパではなくアメリカであることを認識した――二〇〇四年三月のアルカイダによるマドリード列車爆破事件と、それに続いてビン・ラディンがヨーロッパ諸国に提案した停戦の申し出が、これをさらに強調した。いまのところ、この最後の一撃によってアメリカとヨーロッパの距離はいっそう大きく開くことになった、とマイケル・イグナティエフが書いている。

連合諸国は九月一一日のあとアメリカと共に涙を流したが、その後速やかに、攻撃を受けているのはアメリカ一国だけであると結論を出した。西欧文明が標的とされている、という考えは説得力を失った。アメリカと連合諸国はソ連という共通の敵に向かったときには肩を並べて立っていたが、イスラムのテロリズムはどうやらアメリカしか眼中にないらしい。ならば、なぜテロの主要な標的に近づく必要があるのか、巻き添えになるだけではないか、と、アメリカの連合諸国は考えたのである。[*55]

こうした現実がある以上、ビン・ラディンがヨーロッパに対して近々に大規模な攻撃をしかけることはないだろう。アルカイダが攻撃に出れば、大西洋をはさんでヨーロッパとアメリカが再び手を結んでしまうことになる。とはいえ、アルカイダはすでにイギリス、イタリア、スペインに対して、それぞれトルコ、アルナシリヤ（イラク）、マドリードで攻撃をおこなっており、今後もイラクで米軍を支援した国々、とくにオーストラリア、日本、ポーランドに対して、警告の意味で攻撃をおこなうだろう。こうした国々の市民や権益に対する攻撃は、西ヨーロッパではなく、主として中東や太平洋地域でおこなわれるだろう。さらに、イラク戦争の際に米軍に基地や飛行場や港湾の使用を認めた湾岸諸国――クウェート、アラブ首長国連邦、サウジアラビア――についても、イスラム教徒に対する無差別攻撃はないだろうが、アラビア半島で軍や公安や政府高官がアルカイダの手によって暗殺されたとしても、驚くことではない。

この先へ進む前に、ビン・ラディンが他の主要国の参戦を防ぐという目標を転覆させかねない冒険にあえて挑んでいる点に言及しておく必要がある。この潜在的な危険は、個々のイスラム教徒に対してチャンスがあればいつでもアメリカ人とユダヤ人を攻撃するよう煽るビン・ラディンの情熱に起因するものだ。「地球上のいかなる場所においてもアメリカ人とユダヤ人を殺害することは最大の義務であり、アッラーのおそばに置いてもらうための最良の方法である、ということを伝えておく。さらに、若者たちに対しては、知恵を駆使して彼らを秘密裏に殺害するよう助言する」と、ビン・ラディンは二〇〇三年二月に書いている。[*56] このような個人あるいはその場限りの集団が実行する攻撃は予測が不可能であり、回避することも困難であるが、同時に、西ヨーロッパを傍観者にしておくというビン・ラディンの目標に対して潜在的脅威を呈するものでもある。もしも不注意な集団がヨーロッパで一斉検挙されて——たとえば、イギリスで二〇〇三年初めに逮捕されたアルジェリア人の素人集団は猛毒リシンを持っていた——たまたまヨーロッパに破壊的な損害を与えたような場合、まず間違いなくアルカイダが非難の的となる。そうなれば、ビン・ラディンは九月一一日直後かそれ以上に強力な欧米の反アルカイダ連合と対峙することになるだろう。ビン・ラディンがこうした展開を危惧している証拠がある。たとえば、アルカイダ評論家サイフ・アルアンサーリーは『アルアンサール』に寄せた文章の中で、「聖戦《ジハード》の問題に関する個々人の責任感が高じて衝動的な行動となり、聖戦《ジハード》が一種の自然発生的活動に変質して各人が各様に行動する勝手な流れになってはいけない」と、イスラム教徒に助言している。[*57] しかし、ここまでイスラム教徒を煽動してしまった以上、ビン・ラディンにとって逆戻りはあり得ず、この潜在的問題は常に地平線に見え隠れすることになるだろう。

背教的イスラム政権への攻撃強化

前述したように、ビン・ラディンはこれまで長い時間をかけてイスラム原理主義勢力による攻撃の矛先を個々のイスラム教国からアメリカ合衆国へ向けさせる努力を続けてきた。また、これも前述したように、この試みに関してビン・ラディンは完全に成功をおさめたわけではない。実際、二〇〇三年九月にそれまで頑迷に民族主義を貫いていたアルジェリアのサラフィー主義者グループがアルカイダと共闘する決断を下したことは非常に大きな成果ではあったものの、ビン・ラディンの目標は六割達成された、とするのは少々甘めの評価だろう。こうした理由から、二〇〇一年以来ビン・ラディンが中東の背教的政権への言及を増やしている事実は、やや整合性を欠く印象がある。ただ、ビン・ラディンの言及が増えているのはイスラム民族主義復活のきざしではなく、変化しつつある国際情勢の中から好機を拾って活かしていくアルカイダとビン・ラディンの柔軟性の表れと見るべきだろう。このケースでは、背教的イスラム政権がパレスチナにおけるイスラエル軍の攻撃や殺人に対して無気力な対応を見せたこと、および、アメリカのイラク侵攻に対して暗黙の、しかし貴重な支持を示したことから、アルカイダはこれらの政権をアメリカとイスラエルの追従者であると断じて攻撃したのであるが、その過程において軍事攻撃の対象をアメリカに絞るという方針をさほど犠牲にしなくてすんだ。

背教的イスラム政権に対する攻撃を通じてビン・ラディンがめざしているものは、まさにイスラム世界の指導者としての立場だ。ビン・ラディン自身は否定するだろうが――本人は、自分はアッラーの大義のために戦う一兵士にすぎない、と心から信じている――これが真実だ。少なくとも、ビン・ラディンは、背教的イスラム指導者の言葉ではなく神と預言者の言葉をイスラム世界の正当な指針とするために戦っている、という点については認めるだろう。しかし、このように定義してみたところで、構図は変わらない。ビン・ラディンはサウジ王室、アラブ首長国連邦やクウェートの王族、ホスニ・ムバラク、バッシャール・アルアサド、アブドゥッラー二世国王らを相手にイスラム世界のリーダーシップを競い、イスラム世界を神の法によって治めるのか人間の法によって治めるのかを決しようとしている。二〇〇一年九月一一日以来、圧倒的な勝ちをおさめているのは、ビン・ラディンと神の法による統治を主張する勢力だ。悪魔に抵抗せよ、イスラム教徒を守れ、イスラム防衛のために行動し声を上げよ、という神の命令に従っているのはビン・ラディンのほうであることが人々の目に明らかになったからである。今日のイスラム世界における重要問題のほとんどすべてに関して、ビン・ラディン一人だけが天使の側に立つイスラム指導者とみなされている。なぜか？　ビン・ラディンは明瞭な言葉で語り、その言葉と行為が一致しているからだ。

二〇〇一年九月末、ビン・ラディンは、「周囲を見渡してみるといい。アメリカの奴隷どもがイスラムの支配者あるいは敵対者になっていることがわかるだろう」と述べている[58]。これらの「支配者たち」は嘘つきである、と、ビン・ラディンは主張する。空虚な言葉だけでは有能なリーダーにはなれないことに、誠実なイスラム教徒たちは気づきはじめている。「皆、言い訳ばかりの擁護論は役に立たないと学んだのである」[59]。それでは、どこに真のリーダーシップを求めればよいのか？　イスラム教徒は背教者や異教徒を攻撃する術、すなわち「イスラム教を守るため、アッラーと預言者――彼に平和と祝福があるように――の命令に応じてイスラムの熱烈な息子たちによって実行される行動」を心得た指導者を求めなくてはならない[60]、そして、リーダーシップとは神の言葉にもとづいて語り行動する人間に備わっているものである、と、ビン・ラディンは言う。

これらの偉大なる出来事「パレスチナ人によるインティファーダと九月一一日のテロ攻撃を指す」は、すべて、究極の目標をめざしアッラーが約束された結末に向かって聖戦《ジハード》を戦い抜いた結果である。この聖戦によって、支配者たちの「われわれに何ができようか？　これはわれわれの手に負えない！　この問題はわれわれではどうすることもできない！」といった無気力で支持しがたい発言が明白になった。わが国に対する血塗られた攻撃を目の当たりにした以上、このような発言を受けいれる人間は誰もいないだろう。[*61]

九月一一日のテロ攻撃から二年のあいだに、イスラム教徒たちはイスラム政権――ビン・ラディンの言葉を借りるならば「イスラムの大義を溶解させようとする裏切者ども」――のこの上なく無責任な対応を自分たちの目で見てきた。[*62] イスラエルはジェニン、ベツレヘム、ラファでやりたい放題に入植地を建設し、分離壁をめぐらせてパレスチナの土地をさらに併合している。アメリカは占領軍としてアフガニスタンに居座り、イラクに侵攻して占領し、イスラエルのシャロン首相を平和主義者と呼び、イスラエルの自国を防衛する権利に対してくりかえし「理解と支援」を表明している。これに対して、イスラム政権の指導者たちはアラブ首脳会議を開き、イスラエルやアメリカのさまざまな行為に対して一応憤慨を表明するものの、結局はアメリカ主導によるアフガニスタンおよびイラクの侵攻・占領に協力して基地や飛行場や港湾を提供してしまった。少なくともイスラム原理主義者の目から見るかぎり、こうした行為にはリーダーシップのかけらも見出すことはできず、イスラム世界に響きわたるビン・ラディンの「われわれが預言者ムハンマドと彼の仲間に従うことをやめ、恥ずべき指導者たちの統治下にはいって以来、イスラムの恥辱と不名誉はどれほど大きくなったことであろう」という呼びかけがより説得力を増して聞こえるのである。[*63]

これらの指導者たちは信仰告白「アッラーの他に神なし」を破棄し、不信心者どもと手を結び、人間の作った法によって統治し、無神論者の国連を支持して、イスラムの信仰を無視した。それゆえ、彼らに忠誠を誓い彼らに従うことは、シャリーアの禁ずるところとなった……。

これだけのことを見たあとで、われわれは問う。彼ら指導者たちは、イスラムの民に向かって、「アメリカの計画を頓挫させるためにアフガニスタン大統領ハミド・カルザイと手に手をたずさえて協力し、イスラム教国を樹立し、抑圧をはねのけよう」などと呼びかけることができようか⁉ そんなことはできない。なぜなら、カルザイはアメリカの手先であり、イスラム教徒を裏切ってカルザイを支持する人間はもはやイスラムではないからだ。いま、われわれは自問しなければならない。非アラブ人のカルザイとアラブ人のカルザイのあいだに違いはあるのか？ アラビア湾岸諸国にあの背教的支配者どもを根付かせ地位を築かせたのは何者なのか？ ほかならぬ十字軍である。彼らはカブールのカルザイを任命し、パキスタンのカルザイを擁立し、クウェートやバーレーンやカタールにカルザイを植えつけた。クウェートの山賊だった男を連れてきてリヤドのカルザイに任じ、イブン・ラシード率いるオスマン帝国と戦わせたのは誰だったか？ ほかならぬ十字軍である。そして、彼らは今日に至るまでわれわれに奴隷状態を強いている‼[*64]

まるで意気地のないイスラム政権の姿勢を見たビン・ラディンは、サウジ王室やクウェートなどの政府に雇われているイスラム神学者や法学者を「御用学者」と呼んで攻撃を強めた。こうした学者が出す宗教的裁定は、どういうわけかいつも支配者側の判断や希望を反映し支持する内容となっている。ビン・ラディンは、聖戦《ジハード》において最も重要な指導者は「正直な学者、布教者、改革者」であり、「彼らこそ軍隊の先頭に立ち、戦闘を指揮し、進軍を命令すべきである。これは預言者たちの後を継ぐ者の要件である」と述べている。[*65] また、「国民に真実を告げ、暗黒に対峙するときもはっきりと恐れずに真実を宣言すること」がこうした人々の義務なのだ、とも語っている。[*66] しかし、そうした人々は大多数が捕らわれの身となっている。エジプト人シャイフ・オマル・アブドゥルラフマーンをはじめとするイスラムの最も重要な指導者たちは、「アメリカの刑務所」に収監されているか、さもなければ「アラビア半島またはその他の国々」の刑務所に収監されている。[*67]

正当な指導者がいない以上、イスラム社会のリーダーシップを取り、神の言葉の代わりに独裁者の言葉を説いて逮捕を免れている腐敗神学者たちを名指しし、彼らを説得するか恥を悟らせるかして神の道に立ち戻らせることは自分のような個人の役目である、と、ビン・ラディンは述べている。イスラムの歴史においては、神学者や法学者が先頭に立ってイスラムを脅かす背教者や多神教信者や異教徒に対する聖戦《ジハード》を呼びかけてきたが、今日では、「彼らの多くが朝に夕に偽りを語って国民を誤った方向へ導いて」[*68]おり、これはイスラムにおける新しい現象である、と、ビン・ラディンは主張する。イスラム教徒は、役人がこうした行動を取ることは予想できる――彼らが嘘つきであることはみんな知っている[*69]――が、聖職者が嘘をつくとは考えていない、という。

イスラム世界に巨悪が広がりつつある。人々を地獄へ招き入れようとしているイマーム【イスラム教の導師】は、アラブやイスラム世界の支配者たちの傍らに頻繁に姿を見せる者たちである……（中略）……朝から晩まで、彼らは人々を地獄の門へ呼び寄せる。

聖職者たちは、アッラーが慈悲を垂れ給うた者たちを除いて、アッラーと預言者ムハンマドを信じない独裁者たちに向かって賛美と栄光の言葉を捧げることに汲々としている。

ウンマが今日のように大きな不幸に見舞われたことは、いまだかつてなかった。過去において瑕疵《かし》はあったものの、それは部分的なものだった。しかしながら、今日では、コミュニケーション革命と各家庭にメディアがはいりこんだせいで、瑕疵は社会全体に影響を及ぼす。

聖職者たちは、暴君に捕らわれた囚人であり人質である……（中略）……政府は御用学者に巨額の予算を与え、御用学者たちは政権に正当性を与えている。[*70]

ビン・ラディンは以前から腐敗した政権に擦り寄る聖職者たちを批判してきたが、二〇〇一年九月一一日以降に十字軍がイスラムを攻撃し、イスラム諸国政権がこうした攻撃からイスラム教徒を守れなかった現実を見て、腐敗政権の片棒を担いでいる神学者たちへの批判をいっそう強めるようになった。

大量破壊兵器の正当化

二〇〇一年九月一一日以来、ビン・ラディンは言葉による攻撃の標的をアメリカに定める一方で、イスラム世界に対してもアメリカで大量の犠牲者を出すような攻撃の実施を容認するよう働きかけてきた。実際、イスラム世界に対する働きかけが必要であったからこそ、二〇〇一年以降アメリカに対する大規模な攻撃がなかったのかもしれない。イスラム教徒に心の準備をさせる目的で、ビン・ラディンは何度もアメリカに対して再びアルカイダの攻撃がありうること、次の攻撃は九月一一日より破壊的なものになりうることを警告してきた。ビン・ラディンはアメリカの指導者や国民に対してイスラムに改宗するチャンスを与え、自分が神の真実へ至る道筋の教師兼案内役をつとめよう、とまで申し出た。アルカイダは高名で尊敬されているサウジアラビア在住のイスラム神学者にも働きかけて、宗教的見地からアメリカに対する大量破壊兵器の使用を正当化する論文を書いてくれるよう依頼したようだ。さらに、ビン・ラディンはアメリカ国民に対して、民主制度を活用してイスラム世界を害する政策を廃棄するようアメリカの指導者に働きかけてほしい、と直接訴えた。要するに、アメリカ国民はアメリカとイスラムの戦争を終わらせる力を持っている、ただし、その力を活用しない場合には身に降りかかる悲劇は自業自得と心得よ、というメッセージである。ただ、こうした行動はむしろ九月一一日のテロを批判するイスラム教徒に向けられたもので、ビン・ラディンとしても、これによってアメリカが政策を変更し戦争が集結するとは期待していなかったようだ。

二〇〇一年一一月、ビン・ラディンはイスラム世界を代表して、「われわれはアメリカ合衆国に対して自らを防衛しようとしている。だからこそ、イスラム教徒が安全でなければアメリカ人にも安全はない、と言いつづけている。これは非常に簡単な話だ……（中略）……互いに邪魔をせずやっていこう、というだけの話だ」と述べている。[*71] 米アフガン戦争の当初から、ビン・ラディンは一貫してアメリカに警告している。たとえば、この発言から一年後、ビン・ラディンはアメリカ国民に対して、「安全への道は抑圧をやめることから始まる」とくりかえし述べ、[*72] アメリカ政府と連合諸国はいまだにこのアドバイスに耳を貸そうとしないと指摘し、「これは不当な格差だ。そろそろわれわれは平等になるべきである。あなたがたが殺せば、そのようにあなたがたも殺される。あなたがたが爆撃すれば、そのようにあなたがたも爆撃される。自分たちに降りかかる危害を喜ぶがいい」と警告している。[*73] ときに、ビン・ラディンは自分のメッセージが無視されつづけることに対して苛立ちさえ見せる。

話は簡単だ。アメリカはアラビア半島から撤退し、パレスチナへの介入をやめ、すべてのイスラム世界への介入をやめないかぎり、この試練から逃れることはできない。アメリカの学校で生徒にこの方程式を与えたならば、ものの数秒で解いてしまうだろう。にもかかわらず、ブッシュ大統領の行動を見ていると、アッラーの神の許しをもって彼らの頭上に剣が振り下ろされないかぎり、方程式は解けそうにない……。

われわれはアッラーへの誓約を更新し、国民との約束を更新し、アメリカとユダヤ人に対する威嚇を更新する。われわれの国から手を引き、われわれに対する侵害をやめ、われわれの敵に対する支援をやめないかぎり、彼らには休むいとまがなく、安心するときがなく、安全を夢見る余裕もないだろう。不法な攻撃者たちは、まもなく、自分たちの行動がいかなる転変を招くかを知ることになろう。*74

ビン・ラディンは毎回の警告に添えて、アメリカ大統領とアメリカ国民にイスラム教への改宗を呼びかけ、自分が導師となり教師となろうと申し出ている。ビン・ラディンはこうした呼びかけを二〇〇二年一〇月と一一月におこない、九月一一日のテロ攻撃前にアルカイダがアメリカ人に改宗の機会を与えなかったのは「我らが罰を下す場合には必ず前もって使徒を遣わして（警告を与える）ことにしてある」とした神の言葉に反する、というイスラム聖職者からの批判に応えている。*75 これによって、今後は攻撃前に警告をし改宗の機会を与えたことになるので、イスラムの教義の上でも戦闘準備が整ったということになる。「すべての敵は、イスラムへの改宗を拒みイスラムの布教に抵抗することにより自明のこととして神と神の預言者に反抗することとなり、したがって殺害が許される……」と宗教学者ジェームズ・ターナー・ジョンソンが書いている。*76 別のアメリカ人学者ジョン・ケルセイ博士も、『ジャーナル・オブ・レリジャス・エシックス』誌の中でイスラムにおける戦争前の手順について、「[イスラムの古典学者] アルシャイバーニーは、イスラム軍は非イスラム教徒に対してあらかじめ宣戦布告し、イスラム教を認めるよう勧奨したのちに、戦争を始めることができる、という預言者の言葉を引用している。[77] アルシャイバーニーはさらに、個人的には宣戦布告は二度おこなうのが望ましいと考えるがこれは必須ではない、と述べている」と書いている。ビン・ラディンはアルシャイバーニーが挙げた宣戦布告の要件を満たし、アメリカ国民に対して二〇〇二年一〇月に次のように述べた。

慈悲深く情け深い神の御名において、アメリカ国民に対し、次のメッセージを送る。正しい道をたどる者に平安あれ。わたしはあなたがたに対して正直に忠告する。わたしはあなたがたに、現世と来世の喜びを求め、無味乾燥でみじめで生気のない唯物論的生活から脱却するよう勧める。わたしはあなたがたにイスラム教徒となるよう勧める。なぜなら、イスラムは「アッラーの他に神なし」の正道と正義を要求し、不正と犯罪を禁ずるからである。わたしはあなたがたにニューヨークとワシントンに対する急襲の教訓を理解するよう求める。これはあなたがたがそれ以前に犯した罪に対する返答である。侵略者は当然ながら罰せられるのである。

わたしはあなたがたをイスラム教へ招く。イスラム教はそれ以前のすべての宗教に代わる最後の宗教であり、礼節、誠心、慈悲、アッラーへの畏怖、他人に対する親切、人のあいだの正義を重んじる宗教である。権利に値する人々に権利を与え、抑圧者と不正義から人々を守る宗教である。手と舌と心によって信者に良きことを命じ、悪しきことを禁じる宗教である。アッラーの言葉と宗教を至高のものとするためにアッラーの命じる聖戦《ジハード》をおこなう宗教である。イスラム教はアッラーに対する義務を全うする宗教であり、信者に対して人間を言語や性や色で区別することなく公正・平等に行動するよう求める宗教である。[*78]

アメリカ国民にさらなる攻撃の警告を発し、イスラムへの帰依を呼びかける行為は、ビン・ラディンが個人の力で実行できるものだ。しかし、大量破壊兵器を使った対米攻撃に関してイスラム世界の合意をとりつける作業はビン・ラディン個人の力を超えた仕事であり、しかるべき肩書きを持つ高名なイスラム神学者の助けを必要とする。それまで、アルカイダは大量破壊兵器の使用を正当化するに十分なイスラム教の基礎を持たなかったが、二〇〇三年五月にサウジアラビア人の若い聖職者シャイフ・ナースィル・ビン・ハミード・アルファハドが「異教徒に対する大量破壊兵器使用の法的地位に関する論文」を発表した。[*79]この論文は、まさにアルカイダが必要としていたものだった。あるいは、アルカイダがシャイフ・アルファハドにこうした論文を書くよう依頼したのかもしれない。アルファハドは豊富な資料を引用して明快な筆致で遺漏のない議論を展開し、異教徒（この場合はアメリカ合衆国）に対する大量破壊兵器の使用は正当であり許されるものだ、と主張した。なかでもビン・ラディンにとって重要なポイントは、シャイフ・アルファハドが議論をイスラムの政治家・解説者・学者・戦術家・知識人のレベルから引き上げ、ビン・ラディンらイスラム原理主義者の希望する神の領域に委ねたことであった。言うまでもなく「大量破壊兵器の使用を禁ずる権利は全能の神に属するものであり、神以外の存在たとえば人間に属するものではない」と、シャイフ・アルファハドは書いている。[80]

議論を展開するにあたって、シャイフ・アルファハドは、まず、「大量破壊兵器」は「不正確な用語」であると指摘し、西側諸国が数千人単位の殺傷力を持つ化学・生物・核兵器を「国際的に使用が禁止された兵器」と呼ぶ一方で「一発あたり七トンの重量で三〇〇〇人以上を殺害できる高性能爆弾」を「国際的に使用が認められた兵器」と呼んでいる矛盾を批判した。[81] そして、自ら大量破壊兵器を保有する西側諸国が大量破壊兵器の拡散禁止条約や規則を作ったところで、そんなものは自国を守るための手前勝手な理屈にすぎない、と切り捨てた。「したがって、西側諸国が人類を守るためと主張しているのは本心ではなく、彼らは自分たちを守り、国際的禁止という口実のもとで大量破壊兵器を自分たちが独占したいだけなのである」[82]と欧米の偽善を指摘したあと、シャイフ・アルファハドは、「こうした用語はどれも、イスラム法においては何ら意味を持たない。なぜなら、判断も、立法も、その権限は全能の神が握っておられるからである……（中略）……これはイスラム教徒には自明のことで、証明する必要もない……（中略）……こうした兵器に関する判断を下す際に基準とすべきものはコーラン、スンナ［預言者ムハンマドの言行］、そしてイスラム神学者の声明のみである」[83]と論じ、二五ページにわたって緻密な論拠と聖典に裏付けられた議論を展開した。アルファハドは、アメリカに対して大量破壊兵器を使った攻撃を考えているビン・ラディンを正当化する結論を次のように導いている。

＊シャイフ・アルファハドは、イスラム教徒に向けられた攻撃に対して神が報復を認めている三つの例をコーランから引き、次のように書いている。「過去数十年にわたってアメリカがイスラムの民と国に対しておこなってきた攻撃を考えれば、自分が扱われたように相手を扱うというルールを適用するだけでもアメリカに対する攻撃は許される、と誰もが考えるはずだ。イスラム同胞が集計したところによると、アメリカの武器によって直接・間接に殺されたイスラム教徒の数は一〇〇〇万人近くにのぼる」[＊84]

＊次に、シャイフ・アルファハドは、無辜《むこ》の民を限定的に狙った攻撃でなく敵を打倒するための攻撃であれば、結果として多数の民間人犠牲者が出たとしても許される、という議論を展開する。「神の使者［預言者ムハンマド］は敵を攻撃するよう命じている。多くの伝説において、ムハンマドは敵を攻撃している……（中略）……女性や子供に犠牲が出る可能性があることを承知していても、それによって攻撃をやめることはなかった。ムハンマドが攻撃を許可したのは、攻撃者の意図が女性や子供を害することにはなかったからである……（中略）……したがって、聖戦《ジハード》を戦う者が異教徒の悪を撃退するためには夜間に大量破壊兵器を使って攻撃する以外に方法がないことを証明できるならば、それによって異教徒を全滅させることになっても、大量破壊兵器の使用が許される」[＊85]

＊シャイフ・アルファハドはさらに、神の名において聖戦《ジハード》を戦う際にイスラム教徒が他のイスラム教徒を殺害することが許されるか、という問題に言及し、結論を出している。シャイフ・アルフ

アハドの議論によると、確かにイスラム教徒の命は神聖なものと考えられ、神はイスラム同胞を故意に殺害することは認めていないが、「これを無条件に守るならば、聖戦《ジハード》はすべて中止しなくてはならない。なぜならば、異教徒の土地でイスラム教徒が住んでいない土地はないからだ。聖戦《ジハード》の命令が下され、これ［イスラム教徒の攻撃によってイスラム教徒が犠牲になる可能性がぁるという状況］以外に方法がないとなれば、それは許される。敵が人質としてイスラム教徒を拘束しても、それによって聖戦《ジハード》を中止せずにすむように」神はこれを許しておられるのだ、と書いている。[*86]

事前の警告と、改宗の勧めと、イスラムの教義にもとづく正当化の問題を解消したビン・ラディンは、さらに念を入れて、アメリカの誇る民主主義をアメリカ国民にそのまま突き返す論法によって、大量破壊兵器を使った攻撃に対するイスラム社会の了解を得ようとしている。[*87]ビン・ラディンは、「西側の人々の多くは善良で温和な人間である。すでに伝えたように、われわれはアメリカに敵意を持っているわけではない。われわれは、他の国々を奴隷にし、彼らの政治的・経済的自由を奪おうとするアメリカの制度［外交政策をさす］に反対しているのである」[*88]と語り、西側が大好きな戦争を個人化する馬鹿げた論理――たとえば「われわれはイスラム教徒ではなくビン・ラディンと戦争をしている」、あるいは「われわれはイラクではなくサダム・フセインと戦争をしている」――をそのまま適用して、イスラム教徒はアメリカ政府と戦争しているのであってアメリカ国民と戦争するのではない、とアメリカ国民に語りかけた。さらに、ビン・ラディンはアメリカ国民に対して、アメリカは民主主義国家であるから有権者には反イスラム的外交政策をおこなう指導者を交代させる力がある、と呼びかけ、アメリカ国民はこうした政策に終止符を打ち、戦争の原因を取り除き、自国民を狙った大量破壊兵器による攻撃のリスクをなくする力を持っている、と主張する。アメリカ国民がこうした力を手にしている以上、アルカイダが民間人を攻撃・殺害しているという主張は当たらない、というのがビン・ラディンの論理だ。

この議論は、アメリカが自由と民主主義の国であり、すべてのアメリカ国民が性別、肌の色、年齢、知的水準にかかわらず投票権を与えられている、というあなたがたの主張と矛盾する。人民が指導者を選び、それによって指導者の行為を是認し責任を共有することは、民主主義の根本原則である。「自由の国」である以上、アメリカ国民が自分らの指導者を選ぶことは「自由」である。彼らはそのような権利を有するのであり、それによって自分たちの選んだ政府がおこなう政策に同意したものとみなされる。この中には、何十億ドルにものぼる軍事援助などの形でイスラエルを支援する政策も含まれている。自国の指導者を選ぶ行為を通じてアメリカ国民はパレスチナ民族を幽閉する行為に同意し、パレスチナ民族の住宅を破壊しイラクの子供らを殺戮する行為に同意したことになる。アメリカ国民は政府の政策を拒絶する手段と自由を有しているにもかかわらず、何度投票をくりかえしても、政府の政策を支持しているという結果を出す……（中略）

……したがって、アメリカ国民に罪がないとは言えない。アメリカ国民は、これらすべての犯罪に積極的に関わっているのである。[89]

こうした現実を前に、ビン・ラディンはアメリカ国民に対して、自国の民主制度を活用してイスラムの憎悪と聖戦《ジハード》を招く原因となったアメリカの政策を終わらせるよう呼びかけている。「わたしはアメリカ国民に対して、自国政府の反イスラム的政策を阻むようお願いしようと思う」と、二〇〇一年一一月なかば、ビン・ラディンはパキスタン人ジャーナリスト、ハーミド・ミールに語っている。「アメリカ国民は、政府に対してベトナム政策は誤っていると主張した。ベトナム戦争中に果たした役割を、彼らはいま再び果たすべきなのだ。アメリカ国民は、自国の政府がイスラム教徒を殺害するのを阻止すべきなのである」[90]

ビン・ラディンはアメリカのこうした政策に終止符が打たれることを歓迎するだろうし、自分の発言によってアメリカ社会に意見の対立が生まれることを歓迎するだろうが、実際には、たぶんどちらも期待していないだろう。ビン・ラディンの発言の狙いは、むしろ、アメリカ国民に対する大量破壊兵器の使用を避けるために自分としては手をつくして努力した、とイスラム教徒に向けてアピールすることにある。自分はアメリカ国民に警告した、改宗も勧めた、宗教指導者の考えも聞いた、そして最後にアメリカ最良の伝統である投票箱を使って自分たちの身を守るようアメリカ人を説得した――しかし、どれも効果はなく、イスラム教徒に対する攻撃と殺戮は続いている。したがって、シャイク・アルファハドが書いたように、「聖戦《ジハード》に関係する権威者が、異教徒の害悪を撃退するにはその方法［大量破壊兵器］以外にないと判断したのであれば、その使用は許される」という結論に至るわけだ。

神学者たちの見解は、敵に対して弩の類いを使って攻撃をおこなうことは許される、という点で一致している。

誰もが知っているように、弩には女性、子供、その他の区別はつけられない。建造物であろうと、そうでなかろうと、当たったものを破壊するのみだ。

したがって、聖戦《ジハード》においてそれが必要であり、聖戦《ジハード》に関する権威者たちの裁可があれば、異教徒の土地を破壊し彼らを殺害することは法に適う行為なのである。イスラム教徒は敵を征服するまで攻撃を続けた。誰一人［預言者ムハンマドも、彼の仲間たちも、学者も、歴史家も］として、異教徒の全滅や領土の破壊を恐れて攻撃を中止したという話は伝えられていない。神のみが最もよくご存じである。*91

ビン・ラディンが「聖戦《ジハード》に関する権威者たち」の一人としてアメリカに対する大量破壊兵器の使用を「聖戦《ジハード》において必要」と判断し、その使用を宗教的に「法に適う行為である」と確信していることは明白だ。ビン・ラディンとアルカイダがアメリカ国内で大量破壊兵器を使用したとしても、驚くに値しない。

アメリカ国民に対する揺さぶり

九月一一日以降のビン・ラディンの発言に関して最後に指摘しておかなければならないのは、ニューヨークとワシントンに対するテロ攻撃のあとアメリカ国民のあいだに広がった不安や恐怖をビン・ラディンが予想していたという点だ。このことを指摘するのは、ビン・ラディンが千里眼だと言いたいわけではなく、ビン・ラディンは無知と憎悪に動かされているだけであって欧米諸国や現代社会のしくみを理解していない、と評価している西側の政府高官や情報アナリストに反証材料を提示するためだ。「ビン・ラディンによるテロのいわゆる根本原因を検討しても意味がない。われわれ自身が根本原因なのだから。ビン・ラディンはアメリカが気に入らないのだ。アメリカ社会が気に入らないのだ。アメリカの理念が気に入らないのだ。アメリカの価値観が気に入らないのだ」と、現在イラクで米国行政官をつとめているポール・ブレマーが書いている。[*92] 確かにビン・ラディンはブレマー行政官が列挙したすべてを嫌っているかもしれないが、彼の憎悪や戦争行為はアメリカの社会や価値観や考え方とは何の関係もない。ビン・ラディンがアメリカを憎悪するのは——くどいようだが——イスラム世界におけるアメリカの政策と行動が原因なのだ。ビン・ラディンの憎悪は、盲目によるものでも無知によるものでもない。ビン・ラディンは、アメリカがビン・ラディンの力量を把握するよりはるかに正確にアメリカの力量を把握している。だからこそ、イスラム教徒の恐怖をやわらげ信仰を支えつつ、一方で対アルカイダ戦争の行方に関してアメリカ国民の不安と恐怖をかき立てる声明を発表することができるのだ。

次に紹介する二つの文章は、ビン・ラディンが九月一一日のテロから六週間以内、アメリカの対応方針が最終的に決まるより前に発表した声明の引用だ。文章はアメリカ・イスラム戦争において双方が頻繁に使う決まり文句や誇張表現に満ち満ちているが、そうした冗漫な表現の下にはイスラムの信念を強化しアメリカの信念を揺さぶる複雑な議論が展開されている。最初の文章は、アメリカとの戦争によってビン・ラディンが公に姿を現す回数は減るであろうが彼は安全であるから心配には及ばない、とイスラム教徒に語りかけ、一方でアメリカ国民に対しては、メッセージが定期的に届かなくともビン・ラディンはアメリカ国民を消滅させる計画を練っており、アルカイダは自前のメディアを持っている、と伝えている。二つ目の文章では、ビン・ラディンはイスラム教徒に対してアメリカの偽善性とシオニストの背教性を改めて指摘し、アメリカ国民に対しては連邦政府の警察力増強に関して危機感を煽っている。どちらの文章も、読み手の判断に委ねてはいるものの、現代アメリカ社会の戦時精神構造に対する確かな理解を示しているように思われる。

アメリカは対イスラム戦争を戦い抜けない――二〇〇一年九月二八日

われわれの沈黙こそ、われわれの真の宣伝である。［アルカイダ側が］否定や期待や訂正を表明したところでそれは時間の無駄にすぎず、敵の思うツボにはまるだけである。これらのことは、あなたがたを大義から遠くする。西側メディアは根拠のない宣伝を流し、われわれを驚かすが、それはやがて彼ら自身の心情に反映し、彼ら自身が徐々にこの宣伝に搦《から》めとられていくことになる。彼らは恐れを抱きはじめ、自らに害をなすようになる。テロは現代において最も恐れられる武器であり、西側メディアはそれを自国の民に対して容赦なく使っている。それによって、欧米の人々の精神に恐怖と無力感が書き加えられることになる。すなわち、アメリカの敵が達成できずにいることを、アメリカのメディアが代わって実行してくれているということだ。恐怖と無力感に苛まれた戦時下の国民がどのようにふるまうかを、あなたがたは知ることになるだろう。*93

自由に関するアメリカの偽善――二〇〇一年一〇月二一日

しかし、その他にも起こったことがある。二つのタワーの崩壊よりもっと重大でもっと危険なことだ。それは、アメリカを後ろ盾にした西欧文明がその価値と魅力を失った、ということだ。「自由」「人権」「平等」を象徴する物質主義の巨大タワーが破壊された。まったく馬鹿げたことに、アメリカ政府はメディア各社に介入し、ほんの数分にも満たないわれわれのメッセージを放映することを禁じた。なぜならば、アメリカ国民に真実が見えてしまうからであり、われわれがアメリカ政府の望むテロリストではなく、パレスチナ、イラク、レバノン、スーダン、ソマリア、カシミール、フィリピン、その他世界各地において冒瀆されている民であることがわかってしまうからである……（中略）……したがって、彼らはあのようなことを宣言し、あのようなことを命令し、自分たちが「言論の自由」や「偏見のない判断」などを標榜していたことなどすっかり忘れている。アメリカにおける「自由」や「権利」や「人権」はギロチン送りとなり、いますぐ復権しないかぎり永久に戻ってこないだろう。アメリカ政府に先導されたアメリカ国民も、その他の西側諸国の人々も、息の詰まるような生活、耐えがたい地獄に陥るだろう。なぜならば、これらの政府は非常に強い絆でつながっており、完全な支配権を握って統治を続けるためにわれわれの息子や子供たちを不当に殺戮しているイスラエルの手先シオニスト・ロビーに雇われているからである。*94

それでもなお、言葉は届かない

ビン・ラディンのこれまでのメッセージをわかりやすく言い換えれば、次のようになる――「わたしはほぼ沈黙に徹しよう。わたしはアメリカに味方する者を攻撃するだろう。わたしはイラク、アフガニスタン、その他の地域において、アメリカに戦争をしかけるだろう。わたしはすべてのイスラム教徒をアメリカに敵対するよう煽動するだろう。わたしは再びアメリカ本土を攻撃するだろう、可能ならば大量破壊兵器を使って。わたしはアメリカの経済を破壊しようとするだろう。アメリカは邪悪であるが、アメリカの信条、アメリカの在り方などはわたしにとってどうでもよい。ただし、わたしはイスラムに対するアメリカの政策をやめさせるつもりだ。わたしはけっして疲れないし、弱らないし、決意をぐらつかせることもない。わたしは妥協をしない。アメリカは、神の御心であれば、敗北するであろう」。

これらが、ビン・ラディンから発せられた本気の言葉だ。彼は九月一一日以前にもこのような言葉を口にし、それを実現させた。アメリカ国民、とくにエリートは、ビン・ラディンの言葉を理解することをかたくなに拒んでいる。アメリカは絶体絶命の戦争にまきこまれており、敵はあらゆる手段と意図を警告してきている、というそれだけの明白な事態であるにもかかわらず。ビン・ラディンの言葉を聞いた以上、われわれに言い訳はない。次に何が起ころうと、われわれと、われわれの子供たちと、われわれの国にどれほどの大惨事が降りかかろうと、われわれは警告を受けたうえで最善の対処をしなかった、ということだ。二年以上も――実際には一〇年近くも――われわれはマキアヴェッリの警告「それゆえにローマ人は……（中略）……戦争を避けようとして事態をそのままに放置した例《ためし》はなかった。なぜならば戦争が避けられないものであり、先送りすれば相手に利するだけであることを知っていたから」を無視しつづけてきた。国防支出の分野にしろ、旅行の分野にしろ、外交にしろ、財政にしろ、国内治安にしろ、市民の安全にしろ、われわれは怠惰にも「事態をそのままに放置」することを許し、ビン・ラディンからしかけられた戦争に対して必要な犠牲を回避してきた。ビン・ラディンは再び、今度はもっと強烈な攻撃をしかけてくるだろう。そのときになって、われわれは否応なしにこれまで「先送り」してきた戦争をしなければならなくなる。戦いに向けて再び立ち上がるとき、われわれはマキアヴェッリの別の警告「だからこそ、武装せる予言者は勝利をおさめることができるのであり、反対に、備えなき者は滅びるしかなくなるのだ」が間違っていることを祈るしかない。[*95]

第六章

傲りの果ての自業自得

非常に示唆に富んだ時代だ……（中略）……しかし、最後にはいつも、軍を打ち負かす唯一の方法は出ていって戦うことだとわかるだろう。

ユリシス・グラント北軍将軍（一八六五年）*1

北部では報道は書きたい放題で、これは公然たる国家反逆罪に近い。

ユリシス・グラント北軍将軍（一八八五年）*2

ブッシュは、自分がアメリカ合衆国大統領であるのみならず自由世界の大統領でもあるのだ、ということを理解していないようだ……（中略）……彼がその役割を放り出せば、大混乱は必至だ。

アンドリュー・グリーリー（二〇〇三年）*3

西側世界には、ニュースの素材を提供する者、それを伝える者、そして講釈を加える者たちの言葉と行為があふれている。九月一一日以来、新聞や雑誌やインターネットを読んだり、政府高官やメディア専門家や学識経験者らの発言を聞いたり、テレビを見たりしている一般の人々は、あの日を境に激化した戦争に西側は勝利しようとしているらしい、と判断するだろう。こうしたニュースの要点を見出し風にまとめてみれば、次のような感じになるだろうか。

アフガニスタンで勝利、タリバン壊滅。ビン・ラディンとアル・ザワヒリ、アフガニスタンの洞窟で縮み上がる。アルカイダの残党、まもなく捕捉へ。カブールに親西欧・民主主義政権。イスラム信仰と聖戦《ジハード》の熱狂は衰退傾向にあり「一部イスラム狂信派の中でも異端分子に」（ＣＩＡ長官）。イスラエルのシャロン首相を「平和の人」と賞賛。対イスラム戦争ではなく、対アルカイダ戦争。対テロ戦争は宗教と無関係。憎悪の対象はアメリカの「政策」ではなく「自由」。イスラム原理主義者はアメリカの行為ではなくアメリカそのものを憎悪。パキスタンとサウジアラビア、対アルカイダ戦争でアメリカを支援。西側はビン・ラディンの資金を枯渇させる作戦。イスラエルに先の見通し、パレスチナ問題順調。イラクで勝利、イスラム原理主義勢力の動きなし。イラクが政教分離、民主主義と主権国家へ前進。

民主主義は全世界に広まるはずであり、アメリカも当然ビン・ラディンに勝利するはずである、と信じきっている人々も、ときには米主導の対テロ戦争に関するニュースを見て矛盾を感じることがあるだろう。二〇〇四年初頭、アメリカ全体が勝ち誇った気分に浮かれているというのに、CIA長官とFBI長官が仲むつまじく手をたずさえて議会ブリーフィングに臨み、アルカイダは現在も二〇〇一年当時と同じくらい危険な存在です、と発言する。それを聞いて新聞をよく読んでみると、「同じくらい危険」などころか、アルカイダはビン・ラディンが「神聖なる攻撃」と呼んだ九月一一日の同時多発テロ発生時よりはるかに危険な存在になっていることがわかってくる。そうした不協和音が気になっているところへ、米国土安全保障省が信号機のように色分けされた脅威レベル表示を一段階引き上げた、というニュースが飛び込んでくる。脅威レベルというのは、世界のどこかで何者かがアメリカの権益に損害を与えようと狙っている脅威が高まっていると国土安全保障省が判断した場合に、それを国民に伝えるための基準だ。死の信号機の色が「心配ありません」と「死を覚悟しなさい」のあいだで揺れ動くのと並行して、専門家がCNNやC‐SPANやオープラの番組に登場し、アルカイダによる次の攻撃には大量破壊兵器が使われるだろうと警告する。そして、ダメを押すように、さらに現実離れした国土安全保障省のアドバイスが続く——市民は早急に「災害対策キット」を買い求めてください、この中にはダクトテープとビニールシートがはいっていますから、これで家を包んで気密性を高め、大量破壊兵器による攻撃に備えてください……。気休めにしかならないのに、ダクトテープをはじめとする災害対策用品の売上げが急増する。[*4] 漠然とした脅威に直面すると、ワシントンは「例によって国民を死ぬほど怖がらせてしまう」のである。

控えめに言っても、アメリカ国民は政府から不正確で混乱を招くメッセージを受け取っている。われわれの行く先は戦勝パレードなのか、冷戦の防空壕なのか？　それとも、墓場へ一直線なのか？　アルカイダの攻撃を警戒してくりかえし出される警報は、本当に脅威が存在するから出されているのか？　それとも、連邦政府の役人が九月一一日のように「警報発令を怠った」責めを受けるのを恐れて、自己保身のために警報を濫発しているのか？　ビン・ラディン関連の危険は一進一退のアメリカ経済と民主・共和両党の大統領候補者を保護育成するために控えめに発表されているのだろうか？　ビン・ラディンに対して、いったい国家安全保障戦略はあるのか？　それとも、わが国の指導者たちは思いつきで手を打っているだけなのか？　要するに、われわれはシャンパンを用意すべきなのか、ロザリオを用意すべきなのか？

この章の狙いは冗談を飛ばすことでも激昂することでもない。また、右の質問に最終的な答えを出すことでもない（著者としては、良いニュースより悪いニュースのほうが質量ともに上回っていると考えているが）。本章の目的は、北米以外の人々や出来事に対するアメリカ人の見方が「帝国の傲慢」と呼びたくなるほどの傲慢と自己中心性によってひどく曇っている、ということを示唆するいくつかの論点を検証することにある。[*5] これは、清教徒がアメリカ東岸のプリマスに到着したとき以来アメリカ人の血に流れている遺伝的要素ではなく、アメリカのエリートが第二次大戦後に身につけた思考様式だ。アメリカ人は自分たちの理解の範囲に合わせて世界を「アメリカナイズ」して解釈するようになった結果、世界の異質なものを異質と認識できなくなってしまった。「異国の文化に育まれた敵と対峙するとき、われわれはまず本能的に自分の経験に照らして理解できる形で理解しようとする。敵の行動に自分たちの理解可能な理由をつけて解釈しようとするのである」と、リー・ハリスが『ポリシー・レヴュー』誌の二〇〇二年八／九月号に書いている。[*6] したがって、たとえば、アメリカ人が見るビン・ラディンは資金力にモノをいわせて悪事を働く犯罪者であって、信仰を力とする敬虔なイスラム戦士ではない――金持ちのギャングをやっつける方法なら、アメリカ人にもわかるからだ。さらに、ビン・ラディンをはじめとするイスラム原理主義者たちがアメリカを憎悪するのはアメリカの自由と民主主義が気に入らないからだと思い込み、アメリカの外交政策がイスラムを攻撃しており米軍が一〇年以上にわたってイスラム世界に人的・物的損害を与えつづけているからだとは考えもしない。高名な歴史学者ヴィクター・デイヴィス・ハンソンでさえ、二〇〇一年九月二〇日に「これらのテロリストはわれわれの在り方を憎悪しているのであって、われわれがしてきたことを憎悪しているのではない」と書く誤りを犯している。[*7]

アメリカの政治指導者たちは、主要イスラム教国においてアメリカに対する支持率が驚くほど低いのはアメリカの対イスラエル支援が原因ではない、と強弁する。スティーヴン・サイモンほどの思慮深いコメンテーターでさえ、アメリカもイスラエルのように暗殺を戦略として採用すべきだと示唆し、「政府はもっと大胆に行動してエジプトやサウジアラビアの穏健派と関係を構築すべきだ」とした自分の発言と矛盾するとは思わないらしい。[*8] さらに、アメリカの政治指導者たちは、イスラムのエネルギー資源を浪費して私腹を肥やす一方で国内の反政府分子を投獄して拷問し、処刑している腐敗したイスラム独裁者たちをアメリカが支援しつづけている事実も、アメリカに対する低い支持率とは無関係であると強弁する。同様に、アメリカがイスラエルとインドには核兵器保有を認めて（両国とも民主主義国家であるから……）パキスタンには保有を認めない（イスラム教国だから？）ことも、アメリカに対する一桁の支持率とはまったく無関係であると強弁する。さらに、アメリカのエリートたちは、ビン・ラディンに象徴される動きはイスラム教とはいっさい何の関係もない、なぜならアメリカにおいてはすべての宗教は仲良く共存しており、したがって世界の他地域でも同じように共存できるはずだからだ、という。そうした世界を実現するために、アメリカは外交官や政治家や役人や牧師を派遣して、イスラム教徒たちにコーランと預言者ムハンマドの言行、とくに教育、喜捨、政教不分離、そして聖戦《ジハード》という厄介な考えに関する部分を西欧化するよう強く勧めているのであって、イスラム教徒をわれわれと同じように世俗化するイスラム改革をきちんと進めていけば、現在のような宗教戦争にまつわる不幸で無意味な問題はなくなり、イスラム教徒もわれわれと同じように神を一定の範囲に閉じこめておきたいと考えるようになるはずだ……。

このように、政治、学術、社会、メディア、軍のエリートに蔓延する「帝国の傲慢」のせいで、アメリカは、イスラム世界のほうこそアメリカ外交の慈悲深き意図を理解できていないのだ、と信じて疑わない。さらに、本章冒頭のエピグラムにカトリック神父で小説家のアンドリュー・グリーリーの言葉を紹介したように、アメリカのエリートたちは、アメリカ合衆国憲法はアメリカという国の元首を選定するのでなく「世界の大統領」を選定するのである、と考えている。こうした二つの流れから、アメリカは政策を見直す必要はなく、まして政策を変更する必要などない、アメリカの見解がいかに有益でありアメリカの意図がいかに純粋であるかをものわかりの悪いイスラム世界にもっとよく説明すればよいのだ、という考え方が生じている。開戦理由をコミュニケーション問題に結びつけ、マディソン街の広告屋に「民主主義、世俗主義、資本主義はイスラム教徒に良いことだ」と題した対策をまとめさせ、それを頑強に抵抗しつづけるイスラム世界に売りつけようとは、いかにも二一世紀初頭のアメリカが考えそうなことである。

わたしはアメリカ人の知的能力を馬鹿にするつもりはないし、ビン・ラディンと彼のイスラム教解釈を支持するつもりもない。わたしが言いたいのは、北米以外の世界は大部分がわれわれと同じではないし、同じになりたいとも考えていないし、将来も同じにはならないだろう、ということだ。実際、アメリカと同じになるよう強制されれば、武器を取って抵抗しようとする人々はイスラム教徒以外にもいるはずだ。そして、ここで明確にしておくが、わたしはアメリカ人の政治的自由や個人の自由や教育および人権の尊重を問題にしているのではない。世論調査でアメリカ人の行為を憎悪すると答えているイスラム教徒でも、アメリカの理念に対しては広く同感すると答えている。たとえば、二〇〇三年にピュー・トラストが実施した調査によれば、イスラム教徒は「心正しくあるためには神を信仰することが必要だ」と答える一方で、「民主主義的価値観」と呼ばれるものにも賛成と答えている。ピュー・トラストは、調査の総括として、「敵意はアメリカの政策に向けられたものであって、アメリカの価値観に向けられたものではない」と結論づけている。[*9] アメリカ人――指導者も一般国民も――

が外からの情報をアメリカ的感覚で解釈しようとすると、多くの場合、外国で起こっている現実を正しく認識できないだけでなく、もっと不吉なことに、外国の事件、組織、態度、人物などがアメリカの国家安全保障や社会の繁栄にとってどれほど危険であるかを正確に測ることもできない。こうした認識力の不足を緊急に改める努力は、とりあえずアメリカの国防上必要なのであって、他国民の不平不満に共感するためなどという悠長な目的ではないし、まして、北米地域外の問題にアメリカがもっと罪の意識を痛感できるようになるためでもない。イスラエルに対するわが国の態度を見てもわかるように、アメリカはいまでさえ何の有益な理由もなしに高い代償を払って罪の意識を感じすぎているのである。アメリカの将来の安全保障にかかわる決定は、他国に左右されるものであってはならない。

要するに、本章で主張したいのは、アメリカの国家安全保障のために正しい決定を下し各種資源を適切に配分しようとするならば、アメリカ国民は世界をあるがままの姿で理解する必要がある、自国の願望にあてはめて解釈してはいけない、ということだ。この主張はアメリカが世界と関わるうえであらゆる面において真実だと確信しているが、わたしにはアメリカの外交政策に関する包括的アプローチを処方するほどの頭脳も傲慢さもない。とはいえ、わたしには長年にわたってビン・ラディンおよびイスラム原理主義の分析と攻撃にかかわってきた経験がある。アメリカにとって彼らはますます危険な脅威——最大の脅威——となってきており、その脅威にわれわれが敗北しかけている理由は、脅威そのものが見えていないからでなく、容易かつ豊富に入手することのできるデータをわれわれが額面どおりに受けとめていないからなのだ、とわたしは確信している。この点を改めなければ、アメリカの日常は想像もつかない形に変わってしまうだろう。

アメリカが「見たいと思っている」ビン・ラディン像

イスラム武装組織との対立において、アメリカはとくにウサマ・ビン・ラディンの人物や性格に関して手前勝手な解釈をしてきた。第四章でも指摘したように、入手し得た情報にもとづくかぎり、ビン・ラディンは見たとおり敬虔で、カリスマ性があって、穏やかで、寛容で、才能があり、一人のイスラム教徒としても勇気があり、戦略的・戦術的判断力に優れ、有能な副官たちに恵まれ、自ら好んだものではないとしても必要不可欠な残忍性を備え、非凡な忍耐力を持ち合わせた人物だ。ビン・ラディンに関しては七年以上も前から調査報告がなされている。なかには風聞や逸話の域を出ない情報もあるが、大半はイスラム教徒や欧米のジャーナリストでビン・ラディンに面会やインタビューしたことのある人物からの情報、あるいはビン・ラディンと共に戦ったり働いたりしたことのあるイスラム教徒からの情報だ。そして、この情報を裏付けるのが、ここ一〇年ほどのビン・ラディンの言葉と行動がほぼ一致しているという事実だ。

調査報告の九割程度は、右に述べたビン・ラディンの才能や性格を支持する内容だ。残りの一割は、ほとんどが非イスラム教徒のジャーナリストや学者、欧米諸国あるいはビン・ラディンが背教的と非難し打倒を誓っているイスラム諸国の政府高官（現役も引退者も含めて）などからの情報だ。この一割の情報提供者の意図は、あくまでも無知を貫こうとしているか――だとすれば、かなりの芸達者だ――あるいはビン・ラディンを別人に操られて動いている愚鈍で冷酷な異常人格者として描こうとしているかのどちらかだ。「別人」とは、例によって、コナン・ドイルの作品に登場する「ドクター・モリアーティ」のアラブ版として描かれるアイマン・アル・ザワヒリ博士である。いずれにしても、宗教はビン・ラディンの求心力には数えられておらず、ビン・ラディンのまわりに人が集まるのは彼が金をばらまくからであり、金の力がなければビン・ラディンは厄介な人殺しにすぎない、という理屈である。この一割の情報はわれわれが「見たいと思っているビン・ラディン像」であり、残念ながら西側のエリートの多くがこの見方に与している。

われわれのビン・ラディン理解を誤らせるこの一割の見方に論駁する一法としては、ビン・ラディンが脅迫の言葉を忠実に守っており、アルカイダとその同盟勢力によって脅迫が実際に実行されている点を指摘することだろう。二〇〇一年九月一一日以来、ビン・ラディンはアメリカを再び攻撃する意図を表明してきただけでなく、アフガニスタンやイラクにおいてアメリカを支援したという理由、あるいは米情報機関によるアルカイダ戦士の逮捕投獄に協力したという理由で、三回にわたって攻撃目標国のリストを発表した。ビン・ラディンは、こうした国々に対する攻撃は対米支援の再考を促すことが目的である、としている。最初のリストは二〇〇一年九月二八日、[10] 二回目のリストは二〇〇三年二月一一日、[11] 三回目のリストは二〇〇三年一〇月一八日に発表された。[12] これに加えて、アル・ザワヒリは、「イスラム教徒の囚人たちを敵の十字軍諸国に渡している」国々も標的にすると発言し、[13]

二〇〇三年二月一一日のリストにトルコとノルウェーを加えた。トルコは「現政権が恥知らずにもイスラム教およびイスラム教徒と戦っていると発言した」からであり、ノルウェーはアフガン戦争に加担しているからであるという。[*14] アルカイダが名指しした二一〇ヶ国のうち、一八ヶ国が実際に攻撃を受けている。九割の実行率だ。攻撃の内容は第三章に簡単に記した。

攻撃がすべてアルカイダによって実行されたものと断定できるわけではないが、少なくともビン・ラディンの呼びかけに応じたアルカイダやその他の武装集団、あるいは個人によって実行されたことは間違いない。学者やジャーナリストの中には、こうした攻撃はアルカイダが重大な打撃を受けて「ソフト・ターゲット」しか攻撃できなくなったことを表している、と解釈する者もある。『タイムズ』紙には、こうした攻撃は「弱体化の兆候であり……（中略）……アメリカの執行吏が到着する前の最後の悪あがきである」という記事も登場したが、アルカイダが公表している二つの攻撃理由のほうが妥当性があるように思われる。第一の攻撃理由は、アブー・アイマン・アルヒラーリーが『アルアンサール』に書いているように、「周到に練り上げた計画によってアメリカおよびシオニストの関係勢力と世界各地で戦争を引き起こしている敵どもに対抗するため」であり、第二の理由は、サリム・アルマッキが『アルネダ』に書いているように、アメリカを疲弊させるため――「アメリカの国家安全保障機関とメディアをムジャヒディンの準備したマラソンに誘い出すことだ。彼らは一週間のうちにイエメンのムカッラー、クウェートのファイラカ、そしてインドネシアのバリへと、ムジャヒディンの影を追って走らされ、息を切らしている」――であるという。加えて、各々の攻撃は連合諸国に与える損害を通じてアメリカを間接的に痛めつけているだけでなく、多くが標的リストの二ヶ国以上を同時に攻撃する形となっている。たとえば、アルカイダは二〇〇三年四月にチュニジアでユダヤ系ドイツ人の観光客を殺害したが、これはドイツとイスラエルに対する攻撃ということになる。ケニア、トルコ、クウェート、チュニジア、ヨルダン、インドネシアなどで起こったアルカイダのテロには、国際経済の観光部門――アメリカの権益が大きい――にも打撃を与えようという狙いがあると思われる。この点について、アルカイダは二〇〇二年末に、「敵の観光産業には……（中略）……経済・政治・安全保障の観点から重要かつ攻撃しやすい標的が含まれている。なぜなら、警備が不可能な観光施設に対する攻撃は、敵の軍艦に対する攻撃と同等かそれ以上のインパクトを与えられるからだ」と述べている。[*15] ビン・ラディンは明らかに自ら発した言葉どおりに行動しており、アメリカの指導者とエリートはこの現実を額面どおりに受け取らなければならない。二〇〇一年九月一一日以降にビン・ラディンが米国本土に対する攻撃をおこなっていないという理由だけで、アルカイダが敗北したとか目標を変更したというふうに考えることはできない。

半端な戦争、傲りの楽観

一九九〇年以来、アメリカ国民は自国が戦争をしているという現実を確信できているのかどうか、理解しがたい。この時期、確かにアメリカは軍隊を動かしているし、予備兵や州兵を多数召集している。飛行場や空母から爆撃機を飛ばして外国（大半はイスラム教国）に猛烈な空爆をおこなっているし、国外で部隊を展開して勇猛かつ高度な戦いをおこなっている。アメリカ側の表現を使うならば、アメリカ合衆国はクウェートを解放するために戦い、ソマリアの餓死者を救うために戦い、ハイチの独裁者を倒すために戦い、バルカン諸国の衝突をやめさせるために戦い、コソボをセルビアから救うために戦い、アフガニスタンからタリバンとアルカイダを追い出すために戦い、イラクをサダム父子から解放するために戦ってきた。そして、戦争のたびにアメリカの指導者は勝利を宣言し、最近までは軍隊と装備の大部分をただちに帰還させてきた。悪くない戦績だと自慢したがるのも理解できる。

だが、一三年にわたって頻繁に軍を出動させてきたわりに、アメリカは一度として敵――軍隊であろうと、準軍事的組織であろうと、武装した暴徒であろうと――を決定的・最終的に打ち負かしたことはない。ハイチのギャングしかり、ソマリアの軍閥しかり、サダムのフェダイーンしかり、アフガニスタンに潜む隻眼のムッラーとサウジアラビア出身で痩身長躯の相棒またしかり。アメリカは大量の戦死者を確認したわけでもなく、大量の武器を押収したわけでもなく、正式な降伏宣言もなく、多数の捕虜もなく、自国が勝ったという指導者の言葉と演出過多のメロドラマ風凱旋帰国報道以外にはっきりと勝利を確認できる証拠もない。最近のアメリカ政府高官や政治家は勝利を量的にも質的にも正確な数字で定義せず、アメリカの有権者が容認する戦争の継続期間と費用にもとづいて政治戦略専門家が計算した時間の枠内で軍が達成できる内容を基準に勝利を定義するようになった。戦略専門家が決めた制限時間が近づくと、アメリカは勝利を宣言して軍を帰国させることにしているようだ。

確かに手際の良い方法かもしれないが、これで本当に敵を負かしたことになるのだろうか？　米軍兵士に実戦経験の場を与えているだけではないのか？　ユリシス・S・グラント北軍総司令官が一八六四年にW・T・シャーマン将軍に対して「南軍ジョゼフ・ジョンストン准将の軍を攻めて潰走させ、敵地にできるだけ深く攻め入るように」と命令したのは、誤った判断だっただろうか？　あるいは、グラント司令官が一八六四年夏にリンカーンに対して、ポトマック軍をヴァージニアへ向かわせて北軍が敗北するかロバート・E・リー将軍の南軍が潰走するかどちらかの決着を見るまで戦わせると述べたのは、誤った判断だっただろうか？　グラント総司令官が指揮官たちに「都市ではなく敵の軍隊こそを攻撃の対象と心得よ」と命じたことは、誤りだったのか？[*16]　わたしは、グラント総司令官が正しかったと考える。グラント総司令官とシャーマン将軍は、むごたらしくはあるが完全な勝利をおさめた。アフガニスタンやイラクで都市を制圧しながら周辺では戦闘が続いている、というような状況とは違い、客観的に明らかで議論の余地なく、数量的に計測可能で、何より重要なことに南軍に完敗を認めさせるような勝利をおさめた。トッド・リンバーグは『ウィークリー・スタンダード』誌に、「南部諸州にアメリカ合衆国からの脱退を許すか否かという議論に南北戦争が完全に決着をつけたという点において、問題になるのはむごたらしい個別の戦闘結果だけではなく、メッセージを伝えるという行為として戦いが成功だったという点である。ある意味において、戦争とは自分の主張の正しさを相手に示す究極の方法なのである」と書き、勝利において物理的側面と並んで心理的側面が重要であることを強調している。[*17]　このような考え方に立ってみると、アメリカ軍は一九九〇年以来何を達成したのだろう？　アメリカだけが主張する主観的で議論の余地の残る勝利、敵——二流の軍事力さえ持たないような国々——からは延々続く戦争の第一ラウンドを落としただけとしか認識されていないような勝利。フィリップ・ヘンリー・シェリダンの厳しい表現を引くならば、戦争の目的とは「敵の兵士に可能なかぎり強烈な打撃を与え、敵の民衆に可能なかぎりの苦難を与えて、彼らが平和を望み政府に降伏するよう圧力をかけさせること……（中略）……民衆から戦争を嘆き悲しむ目以外のすべてを奪うこと」なのである。アメリカはこれを忘れたか、あるいは故意に無視してきたとしか言いようがない。責任が政治家にあるのか、軍人にあるのか、その両方なのかは議論のあるところだが。[*18]

アメリカの傲りは、アフガニスタンの例を見ただけでもあきれるほどだ。国連とアメリカ主導の連合軍は、医療、飲料水、学校、武器弾薬の廃棄などを通じてアフガニスタン国民の生活向上に部分的には役立っているが、だからといって国の現状が変わるわけではない。アフガニスタン社会は依然として部族どうしが対立し、外国の介入に苦しめられ、戦争状態が続いている。しかも、戦乱は収まるどころか激化の方向にある。人道的・経済的見地からの改善が喫緊の課題であることは言うまでもないが、政治的・軍事的状況もアメリカの利益には逆行している。現地の欧米メディアも、イスラム系ジャーナリストも、アメリカに大災厄が襲いかかろうとしている兆候をはっきりと見ている。たとえば、『クリスチャン・サイエンス・モニター』のスコット・バルダウフは、「アフガン人の多く——とくに多数派の保守的なパシュトゥン人——は、親欧米派のハミド・カルザイ新大統領の発言よりもアルカイダやタリバンなどイスラム過激派のメッセージに共感を抱いている」と書いている。[19] 優秀なパキスタン人ジャーナリストでパキスタンの政治・軍事エリートやイスラム武装組織に取材ルートを持っているラヒームッラー・ユースフザーイは、二〇〇三年初頭に、「戦争で破壊されたこの国の、パシュトゥン人が多く住む地域で、抵抗運動に参加するタリバン義勇兵の数がどんどん増えている」と警告している。[20] アメリカの行く手に待ち受けている危険は、単に歴史をふりかえり常識を働かせるだけでも予測できる。大衆紙『ザ・ニューズ』のパキスタン人記者ムザッファル・イクバールは、「わたしが危惧しているのは、アフガン人は粘り強さという点ではかなり手ごわいということだ。ソ連が一四万の兵力を投入して達成できなかったことを、今回に限って簡単に成し得るとは考えにくい。この荒々しい国のあちらこちらで、またたく間に、大規模な災厄が起こるだろう」と書いている。[21]

しかし、何より不気味なのは、軍事史の第一人者ジョン・キーガン卿がワシントンとニューヨークに対するテロ攻撃の一〇日後に『デイリー・テレグラフ』紙に寄せた記事「アメリカよ、アフガニスタンと戦うならば、これが取るべき戦略だ」である。キーガンは、西欧諸国がアフガニスタンと関わった二世紀近い経験から得た教訓をアメリカが無視した場合に歴史からどのようなしっぺ返しを食らうことになるかについて、明快かつ礼儀正しく控えめな表現で指摘している。

［アフガニスタンを］占領統治する試みは、ほとんどが大失敗に終わった。が、限定された目的のもと、あるいはアフガニスタンの政策を変更させる目的のもとに討伐隊を送った場合には、成

功例が一度ならずある……（中略）……イギリスによるインド支配の後期にインドとイギリスの軍隊が成功をおさめたのは、全面戦争を避け、アフガニスタンの社会や政府を変えようとする政策をとらなかったからである。イギリス支配下のインドは、アフガニスタンが不安定で御しがたく究極的に統治不能であることを認め、山岳部族の襲撃や戦闘を阻むことだけを考えたのである……（中略）……一九七九年にアフガニスタンを攻めたソ連は、一八三九年に東インド会社が犯した失敗をくりかえした。カブールに自国の息のかかった政権を樹立しようとしたのである。意中の人物を政権に据えることは容易にできたが、それを維持することは困難であった……（中略）……敵陣へ侵入するため、あるいは単純に制裁を加えるための限定的作戦ならば、機動性を失わず、有利な立場を維持し、撤退の駆け引きをうまくやれば、成功をおさめることは可能だ。[*22]

残念ながら、直接の体験談も賢明なアドバイスも顧みられることはなかった。この現実を目の前にしながら、アメリカの政治指導者、軍人、メディア、専門家は、自分たちの努力の結果アフガニスタンに「ミニ・アメリカ」が芽吹きつつあるような発言をしている。たとえば、カブールを訪問した当時の財務長官ポール・オニールは、あいかわらずワシントン的精神構造のまま、カルザイ大統領および閣僚たちとアフガニスタンに生まれつつある経済的機会について話し合った内容を記者団に披露して、「われわれは経済成長のために必要な要素についても話し合いました――法の支配、実効性のある契約、国をあげての腐敗撲滅、などです」と述べた。アメリカと同じようにこれらの方策が実行されれば、「アフガン人がしまいこんでいる金が国内外の隠し場所から自然に出てきて、プライベート・セクターの発展を後押ししてくれる」だろうというのだ。カブールをそそくさと発つ直前、オニール財務長官はアフガン政権に五つ星ホテルの建設を勧めた、という話を記者団に披露した。五つ星ホテルができれば、一二二ミリロケット弾の標的にされるのを心待ちにしていた裕福な観光客がヨーロッパから大挙してやってくる、とでもいうのだろうか。[*23]

オニール財務長官がアフガニスタンに資本主義を築き上げたのを受けて、二〇〇三年初頭、ソ連・アフガン戦争後期にアメリカの駐パキスタン大使をつとめたロバート・オークリーは端緒についたばかりのアフガン民主主義を絶賛し、「楽観すべき確かな根拠がある……（中略）……一年目の成果はアフガニスタンにおける長期的将来への吉兆である」と述べた。土台のかけらもないような国においてさえアメリカ的民主主義の定着を夢みてしまう公僕の面目躍如で、オークリーは「カルザイは責任ある政府の多くの特質を達成した」と結論している。[*24] これに続いて発言したのは、米陸軍大将であるトミー・フランクス総司令官は、二〇〇三年初頭、「タリバン追放後をめざして皆がしてきた努力を考えたことがあるかね？　それがどれほど立派な仕事だったかということを？　われわれは民主的プロセスの開始をこの目で見たのだ」と、息もつかせぬ勢いで記者たちにたたみかけた。[*25] さて、自由市場と民主主義が達成できたら、戦争を締めくくる必要がある——というわけで、和平は二〇〇三年五月にラムズフェルド国防長官の姿を借りて奇跡のごとく舞い降りた。カブールを訪問したラムズフェルドは、「われわれはいま明らかに戦闘活動の段階を脱し、安定化と再建活動の段階にはいった」と宣言した。[*26]

この国の大部分は、今日、寛容で安定している。その証拠に、人々が全世界から大挙してアフガニスタンに戻り、この国の行方に参加したいといって自分の足で投票に行く。これはいいことだ……（中略）……この街が良い方向へ進んでいるのを感じることができる。街路に満ちたエネルギー、売店、活動的な人々。車が走り回り、通りに子供たちの姿を見るようになった。これは一定の前進であり、ここでの政策が成功しているということだ。[*27]

ラムズフェルドがアフガニスタン全土の平和を宣言したのを受けて、部下たちが次のように発表した。「合同地域チーム（JRT）を設置します……（中略）……比較的小規模な地方基地をアフガニスタン全土に八ないし一〇ヶ所設置し……（中略）……これには米軍約六〇中隊、特殊部隊民生部、米国際開発庁（USAID）職員、外交官などが参加することになります」。某「国防総省高官」は、アフガニスタン国内になお安全が保証されない地域があることを認めつつも、こうしたチームの発足は「戦闘から安定への作戦移行」を示すものであると発言した。[*28] 合同地域チームの設置は、まったくのアメリカ的精神構造のまま、古き良きアメリカのノウハウをヒンズー・クシへ持ち込もうという試みだ。「これらのチームは突撃用ライフルで武装してはいるものの、彼らの最も有効な武器は電卓、巻き尺、ラップトップ・コンピューターだ。彼らは地方の村に請負業者を呼び、建設事業を軌道に乗せるための仲介者的役割を果たすだろう」と、クリスチャン・ロウが『ウィークリー・スタンダード』誌（電子版）に書いている。[*29]望んだだけで実現できるものなら苦労はない。

米政府高官が政権の基本方針に沿った発言をするのは予想できるが、民間コメンテーターの分析内容を見るにつけ、「帝国の傲り」がアメリカ国内でいかに深刻な事態になっているかが痛感される。いつもは明敏な判断力を示す歴史家ヴィクター・デイヴィス・ハンソンが、『ウォールストリート・ジャーナル』に、「この戦争の最初の一年は大成功だった——軍事史にも匹敵する例を見ないほどの成功であった」と書いている。「カルザイ政権の弱体やカブールで連続するテロのことを大いに心配したが、アフガン劇場における軍事力行使の段階は終わりに近づきつつある。ゲリラ鎮圧部隊は、治安部隊と国際開発職員に次々に場所を明け渡しつつある」。デイヴィス・ハンソンは、アメリカの「コマンド部隊と空爆で対テロ戦争のアフガニスタン局面に勝利できるだろう」と楽観的な結論で締めくくっている。[*30]洞察に優れた歴史家バーナード・ルイスさえ、アフガニスタンについては判断を誤った。ルイスはアメリカ政府に対してイラクへの権限委譲を急ぐよう主張した文章で、アフガニスタンにおける権限委譲は成功だったと指摘した。二〇〇二年八月二九日付『ウォールストリート・ジャーナル』に、ルイスは次のように書いている。「今日、アメリカから最小限の援助を受けるだけで、カブールの中央政府は徐々に政治的・経済的支配をアフガニスタン全土に広げていこうとしており、秩序の維持に関しても日々有効性を高めている」[*31]

ハンソンやルイスに輪をかけて不正確な記事を三点紹介しよう。『フォーリン・アフェアーズ』誌に掲載されたマイケル・E・オハンロンの記事、米陸軍大学発行の『パラメター』誌に掲載されたウィリアム・R・ホーキンズの記事、そして『ジェーンズ・インテリジェンス・レヴュー』に掲載されたアンソニー・デイヴィスの記事である。アフガニスタンの現状に対するこの三人の断固たる誤解には唖然とするばかりだ。アフガン戦争に関するまことにユニークな解釈と言うよりほかない。

オハンロン　新しい世紀はまったく見違えるようだ。［アフガニスタンにおける］「不朽の自由作戦」は、これまでのところ大部分において、軍事的独創性と手腕の最高例と呼ぶにふさわしい……（中略）……全体的に見て、構想も実施も文句のつけようがない……（中略）……さらに特筆すべきは、アメリカの努力によってパシュトゥン人勢力が急速にまとまり、南部地域においてタリバンと効果的な戦いを展開したことだ。これについては、情報アナリストの多くがリスクの高い計画であるとし、米軍中央軍も確実性を期待していなかった……（中略）……パシュトゥン人を味方につけ、タリバンと戦うよう説得するには、外交、軍事的モーメンタムと手腕、それに戦場におけるCIAと特殊作戦チームの絶妙な連動が必要であった。[*32]

ホーキンズ　アメリカ軍は損害を被ることなしにアフガニスタンを攻撃することができた。課題といえば地理的に遠いことと、隣国とのあいだで基地使用に関して既存の合意がないことだけであった。烏合の衆タリバンに対する勝利が容易に見えたのは、実際にそうだったからである……

（中略）……［セルビアに比べると］アフガニスタンにおける軍事作戦は堂々たる戦いぶりであった……（中略）……圧倒的勝利とは、敵国の政権を打倒する意図をもって首都へ進撃する能力をいう。[*33]

デイヴィス　それでも、［二〇〇一年］一一月初旬から中旬にかけてのたった一週間のあいだに、アメリカの連合軍はほぼ勝利をおさめていた……（中略）……完膚無きまでにたたきのめされたタリバンは、南部中核地域でゲリラ抗戦に転ずる余力さえ失った……（中略）……米軍の作戦立案者がアフガニスタンで泥沼に陥ったロシアの前例に学び、交戦を長引かせないよう配慮したことは疑いない。[*34]

これらの論文が掲載される出版物はいわゆる「体制寄り」のメディアで、書き手も読み手も欧米の政治・軍事エリート層を対象としている。本質において、こうした雑誌に掲載される論文はアメリカの政策に重要なインプットを提供し、政策とその結果を強力に擁護するものである。これらの記事は、アメリカ国民がアフガニスタンにおいて期待する政策および予想する事態の展開に沿って形作られている。したがって、ある程度、現場の実情からは離れている。これらの論文は、相手を完膚無きまでに敗北させることが勝利である、としている。これは、アメリカのライフスタイル、資本主義経済、民主主義制度、人権の尊重、参加型の政治、現実離れした楽観主義などをアフガニスタンに移植することが可能であるのみならず、それこそがアフガン人――そしていまやイラク人――の最も熱烈に望むところでもあるのだ、という考え方をするアメリカ指導者たちの傲りから生まれた見解だ。この傲りのせいで、いま、アメリカは少しずつ増えつづける血と富の代償を支払っている。この傾向は今後も続くだろう。なぜなら、アメリカは古典的な八方塞がりの状況に陥ってしまっているからだ。アメリカがアフガニスタンから撤退すれば、タリバンとアルカイダがパキスタンの支持を得てアフガニスタンの大部分を再び支配下におさめ、二〇〇一年一〇月以前の内戦状態に戻ってしまうだろう。しかも、今度は内戦を戦う双方が戦闘の合間にアメリカ主導の占領軍に協力したアフガン人を殺害する、というおまけが付く。一方、もしアメリカが占領を続ければ、イスラム原理主義武装勢力の活動が激化し、アメリカの出費がますます増え、最終的にはアメリカが占領軍勢力を大幅に増強して逆襲に転じようと転じまいと、武装勢力側が勝利をおさめるだろう。さらに、アメリカが占領を続ければ、まず間違いなくパキスタンの崩壊と内戦につながる。

これらはすべて、避けられないことではなかった。こうした事態を招いたのは、アメリカのエリート層が自国や世界の歴史を顧みず、信仰の力を見くびり、主流でない見解や分析を軽視した結果だ。デイヴィッド・H・ハックワース大佐は、「わが国はアフガニスタンという泥沼にはまって脱出できなくなってしまった。わが国の兵士たちを危険な国へ送り込んだ政策立案者たちが、前もってイギリス・ソ連・アフガニスタンの初歩的な歴史を見直しておかなかったことは痛恨の極みである」と、賢明な結論を述べている。[*35] ハックワースなら、ついでに、くだんの政策立案者やエリートに対して、アメリカ史の授業を再履修してアメリカ的経験の大多数がいかに特別で移植不可能なものであるかを再認識するよう勧めたかもしれない。ラルフ・ピーターズは、優れた著書*Beyond Terror: Strategy in a Changing World*（テロリズムを超えて――変貌する世界における戦略）の中で次のように書いている。「われわれは民主主義が目的達成に役立つ手段であるかのように考えて、外国で民主主義のスローガンを掲げた。が、民主主義は長く困難な道の果てにたどりつくことのできる栄光のゴールなのである。民主主義は努力して獲得するものであり、外から命じられて身につくものではない。皮肉なことに、壊滅状態の国にインスタント民主主義を押しつけようとしたアメリカの試みは……（中略）……世界の不安定化に最大限寄与する結果となってしまった」[*36]。ピーターズは、外国にインスタント民主主義を押しつけようと考える人々に辛辣なあだ名を献上している――彼らは「帝国主義のケツ」である、と[*37]。

中途半端な戦争の責任者たち

軍上層部

アメリカは過去において、教育・訓練・装備の面でこれほど優秀な軍隊を持ったことはないし、個々の人材を見てもこれほど優秀な兵隊を持ったことはなかった、と専門家は言う。兵卒から中佐に至るまで――正直にものを言う人間はこのあたりで退役となる――米軍兵士は、集団として、納税者の信頼に値する質を保っていると思われる。実際、イラク戦争から現在のイラク情勢へ至る報道を見ても、戦士や警察官や人道支援スタッフなどさまざまな役割をこなせる優秀な軍人を持つ国が他にあるだろうか、と思うほどだ。ところが、中佐以上になると、これがしだいに怪しくなる。准将以上（ほとんどが男性）になると、自分のキャリアや組織内の人間を守るために態度をコロコロ変える連中ばかりだ。[*38] わたしは著書*Through Our Enemies' Eyes*（敵の目を通して）で、われわれの世代の事なかれ主義がアメリカを危うくしており、米情報機関職員の大多数を「ライオン」と呼ぶならば、それを率いる管理職（ほとんどが男性）は「ロバ」とさえ呼びがたいほどの連中である、と書いた。[*39] 残念ながら、アメリカ軍も、海兵隊を除いて、上に立つ層と下を支える層のあいだに同様な圧倒的落差があるように見える。

第二章で指摘したとおり、アフガン戦争の指揮はほとんど完璧の域に達している――完璧に無能、という意味で。しかし、アフガン戦争は、米軍のヒエラルキーにおけるリーダーシップの欠如と事なかれ主義を表すほんの一例にすぎない。事実、本書を執筆している段階で、イラクの米軍指導者はさらに一段上の失敗に到達しようとしている。なぜ、そうなるのか？　われわれはアフガニスタンとイラクで勝利を宣言し、軍の一部は本国に帰還し、将官たちは戦勝パレードを計画し、お互い叙勲の推薦に余念がない。ならば、アメリカの戦争のしかたの何が間違っているのか？

答えを言うならば、戦争をしている将官たちの手腕にこれといった問題はない。彼らは、選挙で選ばれ任命された文民指揮官の命令に従って戦ったにすぎない。そして、その命令というのは、二〇〇年前から三種類しか発せられたことがない。一、短期間で戦って勝利せよ。二、敵の兵士をなるべく殺さず、敵の資産をなるべく破壊せず、敵の民間人をなるべく殺さないように。三、できるだけ米軍兵士を死なせないように（軟弱なアメリカ国民は多数の戦死者を許容できない）。この図式の問題点は、米軍兵士が命令を実行するところにあるのではない。命令を実行するのは兵士の義務であり、法で定められた責任である。問題は、将官らが文民指揮官に対して、そんなやり方では破滅を招く、戦争という行為の長くむごたらしい歴史を直視できていない、中途半端な戦い方をすればあとで再び戦争をやり直す羽目になる、という真実を進言せず黙って命令に従っているところにあるのだ。一九九〇年以来、アメリカは不適切な構想にもとづく中途半端な戦争をくりかえしてきた──イラク戦争（一九九一年）、ソマリア、ハイチ、セルビア、コソボ、アフガニスタン、そして再びイラク。その残骸は、予期せぬ圧力で爆発する危険をはらむ巨大な地雷のように、世界各地に散らばっている。これらの戦争は、どれも軍の中の政治的勢力──彼ら自身、アメリカの政治家やそのブレーンを痛烈に批判するのだが──を満足させるための戦いであり、大部分においてハイテク装備したアメリカ軍の優秀さを見せつけるための戦いであった。また同時に、軍の上層部に蔓延している出世第一主義や事なかれ主義をはっきりと示すものでもあった。

一九九〇年以来、個人的な理由や不正行為が原因で退役した将官はいるし、何より高給を出す国防産業にスカウトされて退役した将官は数多い。しかし、わたしが記憶するかぎり、迅速かつ犠牲者を出さない方針で戦う戦争が究極的には失敗に終わり、多くの戦死につながることを指摘して退役した例は聞いたことがない。米軍の士官学校における歴史教育は質が高いし、陸海空軍とも将官に対して必読書の長大なリストを与えており、その中にはあらゆる時代の軍事史や経済・社会・政治史が含まれ、当代一流の軍事史家による新しい著作も随時追加されている。さらに、現代は軍事史の黄金時代といわれ、ジョン・キーガン、ヴィクター・H・デイヴィス、スティーヴン・W・シアーズ、ドナルド・ケーガン、ウィリアムソン・マレー、ゴードン・リア、ジェームズ・M・マクファーソン、ニール・ファーガソンらの優れた学者が、軍人にも学者にも役人にも政治家にも一般読者にも理解しやすい著作を発表している。が、米軍の将官たちが学生時代に課された歴史書を読破し、軍の必読書リストを網羅し、大型書店の書棚を隅から隅まで探して歩いたとしても、迅速かつ流血のない戦争によって完全な勝利をおさめることが可能だなどと書いた本を見つけることはできないだろう。たまたまそういった展開になる戦争があったとしても、最初からそんな戦い方で完全な勝利を達成しようと考えるのは愚か者だけだ。米軍の指揮官たちは、そのことを承知している。しかし、ここ一〇年間の無責任な戦略を批判し、そのせいでアメリカが今後さらに多くの血と金をたれ流すことになるという事実をアメリカ国民に訴えるために、軍を辞した将官の話は聞いたことがない。これを事なかれ主義の蔓延と呼ばなければ、何をそう呼ぶのか。

アフガニスタンとイラクにおける最近の戦争の中から、たとえば「迅速性」という一面をとりあげてみよう。アメリカの戦争において迅速性が常に重視されてきたのは事実だが、それは、米軍が有利な地点に立って敵軍を攻撃する、敵の側面に回り込んで包囲し背後から攻撃する、あるいは敵を陣地から追い出して攻撃する、敵の補給線を断って降伏に追い込む、といった作戦における迅速性という意味だった。ナサニエル・グリーンは独立戦争においてヒット・エンド・ラン戦法による急襲を多用したし、ウィンフィールド・スコットはメキシコ戦争において攻撃地点を慎重に選んだ。ジャクソン、シャーマン、リー、ベドフォード・フォレスト、グラントらは南北戦争において迅速性と機動性を重視した。ジョージ・パットン――おそらくアメリカ戦争史における迅速性の王者――は迅速性と機動性を最大限に活用して北アフリカ、シシリー、西欧における猛攻を指揮した。ただし、これらのケースにおける迅速性と機動性は、戦闘を短期間で終わらせることだけが目的ではなく、敵の軍隊――イギリス軍であろうと、メキシコ軍であろうと、北軍であろうと南軍であろうと、ドイツ軍であろうと――を疲弊させ、殺戮し、士気をくじき、破壊することが目的だった。

彼らは訓練により、直観により、あるいはその両方によって、戦争が最後の手段であり、いったん始めたら可及的速やかに敵を壊滅させて戦争を終わらせなければ倫理に反するし費用も余計にかかる、ということを知っていた。敵に与える損害は、敵の軍事的脅威を除くために必要にして十分な程度――それは敵の戦力組成がなければ決められない――で、敵から抵抗の意志や物資や施設を奪うものでなければならない。グラント将軍やシャーマン将軍ならば、アフガニスタンでタリバンやアルカイダを殲滅することなしに都市部だけを占領することの無益を認識したはずだ。それは、リッチモンドやチャールストンやアトランタを占領しても、北ヴァージニアやテネシーの南軍を壊滅させないかぎり北軍が勝利したと言えないのと同じだ。表現は露骨で聞くに堪えないかもしれないが、米海軍元帥ウィリアム・ハルゼーの言葉こそ、古代から未来永劫に至るまで変わることのない勝利の秘訣を言い当てているだろう。一九四一年から四五年まで大日本帝国との戦争を指揮したハルゼー元帥は、勝利をおさめる方法について、「ジャップを殺し、ジャップを殺し、さらにジャップを殺し、日本語が地獄でしか聞けなくなるまで」[*40]ジャップを殺しつづけることである、と言った。カエサルも、アレクサンダーも、ウェリントンも、リーも、グラントも、ロンメルも、アイゼンハワーも、パットンも、偉大な軍人の大多数が、表現に差こそあれ、同じ主旨の発言をしているはずだ。

迅速性が求められるのは疑いの余地を残さぬ勝利をおさめるためであり、敵を壊滅させず双方に犠牲者を出さないようそそくさと戦いを終わらせるためではない。これはアレクサンダー大王の時代から軍事史の基本であり、それ以上に、士官学校や陸軍大学で頭にたたきこまれ、米軍将校にとっては勝利の定義そのものになっているはずだ。だからこそ、一九九一年のイラク戦争以来みられるアメリカの戦争のやり方に対して、軍を辞して警鐘を鳴らす気骨を持った将官が一人もいないことに驚くのである。文民指揮官の「政治的」要求を将官が黙って受けいれたらどういう結果になるか、イラクとアフガニスタンにおける中途半端な戦争がはっきりと物語っている。

アフガニスタン

イラン、タジキスタン、トルクメニスタン、パキスタン、ウズベキスタン、と、いくらでも脱出先のある国を攻めるにあたって、米軍は国境を封鎖しなかった。その結果、アメリカ率いる連合軍が南へ侵攻するにつれて敵は地方へ散り、あるいは国境を越えて逃走してしまった。開戦から二〇ヶ月経った二〇〇三年なかばになって、米軍はようやく重い腰を上げ、アフガニスタン・パキスタン国境の一部を封鎖しはじめた。もちろん、アルカイダもタリバンも壊滅的打撃を受けることなく、降伏もしなかった。彼らは散り散りに逃げ、やがて再結集して勢力を回復した。

これはどの程度の危険性をともなう失策なのだろうか？　タリバンの戦力組成は、二〇〇一年一〇月一日時点でライフル兵が五万弱と報じられている。[*41] 百歩譲って、アメリカ率いる連合軍がその二割を殺害したとしよう。それでも四万の武装したタリバン兵が残っていることになる。戦争を短時間で終わらせ、敵にも味方にも戦死者を出したくない、という考え方にもとづいて、アメリカは国境を封鎖せず――国境封鎖は確かに困難で血の流れる任務ではある――タリバン兵の大半を逃がしてしまった。その大失敗のあと、アメリカはカブールに軍隊を送り込んだが、これも一都市を制圧できる程度の規模でしかなく、テキサス州に匹敵する面積の国を制圧できる規模ではなかった。アメリカは、戦後のアルカイダの兵員数も判断できなかった。アルカイダの戦前の戦力組成を把握していなかったからだ。これも「テロ集団」と「武装組織」をはき違えた結果である。イギリスの調査研究によると、開戦時にアルカイダはアフガニスタン国内に一万の兵力を持っていたという。ということは、先ほどのタリバンと同じくアメリカ軍が二割を殺害したといういささか甘すぎる仮定を適用したとしても、八〇〇〇の兵力が残存していることになる。[*42] もちろん、二〇〇一年以降タリバンやアルカイダに流入した義勇兵を数える方法はない。事実、タリバンやアルカイダに対する戦果を滔々と語るアメリカの指導者たちは、敵の兵員が一定の数から減ったような口ぶりだが、米軍の侵攻・占領によって古参から新人までさまざまな義勇兵がアフガニスタンとイラクへ参集しているという事実にはまるで無頓着である。タリバンもアルカイダもほぼ無傷で、カルザイの権限は弱体化しつつあり、ゲリラ戦は激化している、という現実を無視して、ラムズフェルド国防長官は二〇〇三年五月にカブール入りし、勝利を宣言した。ラムズフェルド氏も、正確な情報を与えられていないという点で気の毒ではある。アメリカのアフガン戦争は、まだ始まったばかりなのだ。

イラク

すばらしいスピードで、メディアの賞賛を浴びつつ、ほとんど犠牲者を出すことなしに、アメリカ軍はクウェートからバグダッドまで一ヶ月足らずで進軍した。直後の二〇〇三年四月、アメリカ大統領はイラク解放作戦の終了を宣言した。が、アフガニスタンと同様、戦争は終わったわけではなく、そこには米軍上層部が「迅速で流血のない」戦争を求める政治圧力に唯々諾々と従ったための弊害が表れている。

開戦時、イラク政権は約五〇万の武装兵力を有しているというのがメディアと学者に共通した見方だった。[*43] アフガニスタンの場合と同じく、ここでも百歩譲って、アメリカ率いる連合軍が敵兵の二割を殺害したと仮定しよう。すると、まだ四〇万のイラク兵が武器を持ったまま故郷に帰り、仕事もなく、事態の展開を見守っていることになる。この中には、宗教的・民族的大義のもとに再び武器を取る覚悟の者もいるだろう。しかも、イラクにも厄介な国境の問題がある。今回、アメリカ軍はイラクを囲むイラン、シリア、ヨルダン、トルコ、クウェート、サウジアラビアとの国境を封鎖しなかった。問題は、イラク兵の国外逃亡ではなく、連合軍兵士やそれに協力するイラク人を殺害する目的でイスラム世界からイラクへ流入してくる聖戦《ジハード》戦士である。アメリカの政治指導者、軍事指導者、前CIA長官をはじめとするイラク問題専門家、一部ジャーナリストらは驚きを表明してみせるが、イスラム原理主義兵士のイラク流入は容易に予測できたことだ。イラクにおけるシーア派およびスンニ派の影響力はつとに知られた事実であり――宗教はサダムからの逃げ場だった――アメリカ率いる連合軍のイラク侵攻に対して防衛的聖戦《ジハード》を呼びかけたファトワー（イスラム法学者による見解）は、一九七九年のソ連によるアフガニスタン侵攻時に優るとも劣らない激しさだった。要するに、よほどの低能か出世のために沈黙を決めこんだ人間でなければ、アメリカ主導によるイラク占領はソ連のアフガニスタン占領以上にムジャヒディンの参集を招く結果になるであろうことは予見できたはずなのだ。

ここまで多くの犠牲者を出し、屈辱的な展開がCNNやアルジャジーラやBBCを通じて全世界に流れてしまった以上、そろそろ一人くらい軍人を辞めて一九九一年以来のアメリカの戦い方は不安定化を増大させアメリカ人犠牲者を増やすばかりの欺瞞である、と声を上げる将官が出てもいいころだが、そうはならない。わたしが本書を執筆している時点で、わが国の文民指揮官たちはモンゴル人部隊をイラク占領軍に加えたり、インドに圧力をかけてイラク占領軍に派兵協力させたりする方針を考えつき、米軍上層部はその方針を受諾した。このような方針はイスラムおよび世界の軍事史に関する基礎知識を持っている人間にはとても納得できないし、ましてウエストポイントの卒業生に納得できるはずがない。なぜ、モンゴル人をイラクの占領軍に加えるのか？　イスラム史の中で、一二五八年にバグダッドを征服して八〇万人のイスラム教徒を虐殺し、アラブ世界最大の中心都市であったバグダッドの栄光に終焉をもたらしたモンゴルのフラグ・ハン――チンギス・ハンの孫――ほど憎悪されている人物はない。ビン・ラディンはアメリカを現代の「フラグ・ハン」と呼んでおり、この意味はイスラム教徒なら誰でも理解できる。[*44] さらに、イスラム教国のイラクに多神教徒――イスラム教においては、多神教はキリスト教やユダヤ教以上に神を冒瀆するものだ――のインド人部隊を派遣することがなぜ安定化に寄与するなどと考えられるのか？　アメリカ政府には、インド軍が一〇年にわたってカシミール地方でイスラム教徒に残虐行為を働いてきたことを知っている人間が一人もいないのか？　二〇〇二年初めにグジャラート州でヒンズー教原理主義勢力が二〇〇〇人近いイスラム教徒を殺害したときに、インド治安当局が見て見ぬふりをしたことを知っている人間はいないのか？　インド軍の協力を求めるのは、彼らがイスラム教徒殺害にかけて経験豊かで信頼性が高いからなのか？　ほとんどジョークのような質問であるが、イスラム原理主義者はインド人部隊の派遣をこのように見るだろうし、アメリカの指導者はそのことを知っている。仇敵アメリカがわざわざこのような状況を作り出してくれようとは、あの想像力豊かなビン・ラディンでさえ思いつかなかったに違いない。キリスト教徒とヒンズー教徒がイラクで手を結んでイスラム教徒を殺害するという図式は、敵対勢力が「パレスチナ全土とイラク、エジプト、シリア、レバノン、ヨルダン、そして二つの聖地を持つ国

［サウジアラビア］の大部分を支配するユダヤの超大国『大イスラエル国家』を作ろうとしている」と主張するチャンスを狙っているビン・ラディンには願ってもない展開に違いない。イラクにおいても、アフガニスタンと同様、戦争は始まったばかりなのである。*45

さて、ここで問われなければならないのは、米軍の将官たちが政治的に立ち回る軍上層部からの命令を実行したことが責められるべきか否か、という点である。もちろん、答えは「ノー」だ。彼らは法的に上官に従う義務がある。しかし、その地位にとどまり、政策を支持し、国家にとって危険を減じるどころか逆に増大させるような命令を実行したことについては、責められるべきである。「ただ命令に従っただけです」という言い訳は通じないし、名誉ある軍人の弁解ではない。兵役を経験したことのない者に軍の方針や作戦を批判する資格があるだろうか、という論法が国防総省の常套手段になっているようだが、これも弁解としては妥当性を欠く。退役中佐ラルフ・ピーターズほどの真っ正直な軍人でさえ、「軍靴の紐を結んだことのない人間」の批判には耳を貸さない。*46 こうした態度には明らかに二重の狙いがある――一つは、批判者の勇気や愛国心に疑問を呈して暗に侮辱すること、もう一つは、兵役の経験がなければ適切な疑義の土台となる経験に欠けるではないか、とあからさまに指摘すること。この卑劣な戦略にかかって批判者がひるむ様子を見ると、唖然とするばかりだ。こうした態度を取る軍人は、アメリカの歴史に対して底なしの無知が多い。実際には、アメリカ建国以来、兵役を経験した国民は比較的少ない。というのは、アメリカの常備軍は第二次世界大戦まで極めて小規模だったからだ。常備軍は連邦政府に破滅的出費と致命的脅威をもたらすものである、という建国の父たちの思想が受けつがれてきたのである。ラルフ・ピーターズは、「軍隊を嫌悪し信用しないのがアメリカの伝統であった。アメリカ建国の父たちは、常備軍、あるいはほんの小規模の歩兵部隊を維持することの是非についてさえ、議論に議論を重ねた……（中略）……兵隊は国家のかいば桶に鼻を突っ込んで生きている無能な役立たずとみなされていたのである」と書いている。[*47] 戦後に徴兵制度ができて、はじめてアメリカ人および今日の政治家たちのあいだで「従軍経験」が一般的になったのである。

徴兵制度は一九七三年に廃止されたため、従軍経験を持つアメリカ国民や政治家の世代は消えようとしている。従軍経験者が少なくなっていくにつれ、公の場で活躍を続ける兵役経験者にとっては、先に紹介したような論法がますます便利になっていくだろう。軍の指導者や従軍経験のある政治家に対して適切な質問をするためには、確かに本を読んだり勉強したりする必要はあるかもしれないが、平均的国民が書物を読み、歴史専門サイトで学び、大学の講義を聴き、全国の国立軍事公園を訪れるなどして勉強しても対応できないほど難しいことではない。アメリカ史の大半において、アメリカの運命を救ったのは、徴兵され入隊して短時間で軍事技術をマスターした一般市民の能力であったことは、覚えておいたほうがいい。そして、ウエストポイント士官学校を卒業した事なかれ主義のジョージ・B・マクレランに対して、勝利への道はリッチモンド攻略ではなく北ヴァージニア軍を壊滅させることであると教えたのは、従軍経験のまったくないエイブラハム・リンカーンであったことも。

米軍将官に問うべきことは、軍事技術や知識ではなく、真の誠実さと勇気を持っているかどうかである。今日の米軍将官は、地球上で最もよく訓練され教育された軍人だ。彼らは軍事史を知っている。したがって、一九九一年以降の戦争においてアメリカが勝利していないことも理解している。しかし、彼らが取った対応は、せいぜい、将来アメリカにさらなる血と金の代償をもたらす問題を一時的に抑え込んだだけだ。ビン・ラディンの組織と同盟勢力は、規模においても地理的な広がりにおいても破壊力においても非常に強大な敵であるから、今度こそ現状に抗議して軍を辞める将官が一人くらいは現れるかもしれない。もし出るとすれば、それは海兵隊の女性隊員ではないかと思う。そして、国民に対して警告を発するのだ——アメリカの対イスラム戦争は、アルカイダ指導者を何人か拘束し、九月一一日の攻撃は一過性の事件だと考えておけば、そのうちにアメリカがイスラム原理主義勢力を壊滅させて脅威は消えるだろう、と安易に考えている連中が仕組んだインチキ勝負なのだ、と。そういう人物が登場したとき、それが勝利への第一歩になるだろう。

FBIと法曹界

一九四五年以降、アメリカは国内外の問題を厳格な法律尊重主義のレンズを通して見るようになった。アメリカが訴訟社会の色合いを強めるのに合わせて、この四半世紀のあいだ、わが国はこのおそらく致命的な進行性硬化症を地球全体に押しつけようとしてきた——アメリカ一国だけで苦しむのが嫌だからだ。実際、アメリカの法的基準を国外においても適用しようとする現在の外交姿勢——FBIは国外に四〇以上の事務所や訓練施設を持っている——は、キプリングが「白人の責務」と呼んだ行為をさらに押しつけがましくした形だ。いわば、アメリカは二一世紀の「帝国主義艦隊」を作り上げたわけであり、それに力を与えているのは「外国でおこなわれた犯罪にまで連邦政府の司法権を及ぼそうとする前代未聞の支配拡大」を支持する判決の数々である。[*48] 帝国主義艦隊の乗組員は判事、検事、それに行動に先だって正確かつ法的に汚点のない資料を要求するＦＢＩ捜査官だ。彼らは、アメリカの外へ出て行き、現地の法律にいっさい敬意を払わず、無知な連中にアメリカの法律を教えてやろうという態度でやたら怒鳴り散らす白人教師そのものだ。

　大英帝国のエリートが「地図を赤く塗りつぶす」ことをめざしたのに対し、アメリカのエリートは自国の法律を使って――ウッドロー・ウィルソンの空虚な言葉で言い換えるならば――「世界の連中にまともな法律の制定を教える」ことを選んだ。ハーバード大の著名な教授が法律を盾にした戦いを進めようとする人々の意見を代弁して、次のように述べている。「テロリストに対する最強の武器は、法の支配をあくまで守るというわれわれの姿勢である。われわれは法廷において、テロリズムは犯罪行為であって聖戦ではないし英雄的行為でもないということをはっきりと示す必要がある。殺人犯を殉教者にまつりあげてはならない」[*49]。聖戦《ジハード》が犯罪であることを法廷が誰に向かって示すのかについて、この教授は述べていないし――たぶんアメリカ人だろう、イスラム教徒を説得するのは不可能だ――法廷がどのようにしてテロ攻撃を食い止めるのかについても述べていない。幸い、この教授の同僚が口添えしてくれている。「もしテロリストと目される者たちが将来の攻撃を計画しているとしたら、法執行官らが証拠集めをする過程で攻撃計画を発見し阻止すればよいのです」[*50]。いかに中身の空虚な議論であるか、おわかりいただけるだろう。

アメリカが法律尊重主義のレンズを通して世界に対処しようとするせいで、ビン・ラディンに対してわれわれが何をしておりまた何をすべきなのかについて混乱が生じてしまう。われわれは戦争をしているのか、それともテルマ&ルイーズを追っかけているのか？　先にも書いたように、アメリカは二〇〇余年の歴史のあいだに問題を法執行官の手で解決しようとする姿勢が身についてしまっている。ビン・ラディンのケースにおいてこの傾向をいっそう推し進めたのは、ビン・ラディンはアメリカの自由と民主主義を破壊しようとしている、という米政府指導者たちの主張だ。その主張どおりだとすれば、確かに、FBIや司法省に保護を求めるのが筋という理屈になる。わが国のエリートがビン・ラディンの真の目標を見抜けず、あるいは直視することを拒み、適切な対処を欠いているあいだに、危険はますます大きくなっている。「最初の世界貿易センタービル爆破事件［一九九三年］から五年もかけて調査し公判を重ねたにもかかわらず、何も防ぐことができなかった」と、ウィリアム・サファイアが二〇〇一年九月一二日に書いている。[*51] それでもなお追跡・逮捕のテクニックが主流であることに変わりはなく、ただ現在では世界最強の軍隊が手錠を持って追いかけているというだけの話だ。

ビン・ラディンとの戦争において、アメリカ国外で司法省とFBIが米情報機関や米軍と同等のパートナーとして活動を始めたおかげで、対アルカイダ作戦はいくつかの点で展開が遅くなり切れ味を失った。第一に、どこへ出ても目立つFBIが参加したことによって、アメリカの対ビン・ラディン作戦に法執行の色合いが強くなった。当然といえば当然だ。テキサス・レンジャーズの「追いかけて、とっつかまえて、裁判にかけ、有罪にして、絞首刑にする」という定石ほどアメリカ人の気性にピッタリくるものはない。人目に立つFBIはアメリカの政治指導者、役人、国民の法律尊重主義を満足させるが、ムジャヒディンを一人ずつ逮捕するようなやり方ではイスラム原理主義組織の打倒などおぼつかないという現実を見えにくくしてしまう。アメリカ人にとって、敵を投獄することがかえって国家の安全保障を脅かす、という理屈は理解しにくいのだが、敵を逮捕・投獄することと戦争に勝利することを同等にとらえてしまうと、確かに国家安全保障を脅かす事態に陥る危険がある。悪者を投獄することは、いついかなる場合でもプラスであるが、危険なのは、犯罪集団には逮捕・投獄の手段で致命的打撃を与えられるのだからアルカイダにも同じ方法で致命的打撃を与えられるはずだ、と考えてしまうことだ。しかも、アメリカの政策立案者が法執行に重点を置いているため、米軍としてはとくに九月一一日以降、敵兵を必要なだけ殺害するということができなくなってしまった。二〇〇二年初頭、R・K・ベッツ教授は『ポリティカル・サイエンス・クォータリー』に寄せた優れた論文の中で、法律重視に偏りすぎた外交政策に束縛された結果、国家安全保障が危うくなりかけている、と非難した。「ここ数十年、リベラルな法律尊重主義が幅を利かせはじめたせいで、従来ならば許されていた戦術や残虐行為が非合法化されてしまった。しかし、こうした非合法化の動きは、根本的な安全が保障され西側の力が優勢であるという前提に立って進んできたものであり、アメリカが極めて重大な脅威にさらされている現状ではありえないことだ。このような状況下においては、アメリカの戦略から第二次大戦で日本やドイツの民間人に対して使った戦術を捨象してしまうのは無謀である」[*52]。

ベッツ教授の常識的議論にもかかわらず、ここまでのアメリカの対アルカイダ戦略を見るかぎり、教授が「無謀」と呼んだほうに与した人間がことごとく勝利している。

国外における法執行活動は、アルカイダに対する諜報活動、とくにＣＩＡの活動を鈍らせる結果も招いた。おもな理由は二つある。第一に、二つの組織の使命が根本的に相容れないこと。最も基本的なレベルで、ＦＢＩはアメリカの法律を執行する機関であり、仕事の大半は事実が発生した後におこなわれる。つまり、犯罪が起こったあとで、それを解決し、犯人を裁判にかけるのが仕事である。一方、ＣＩＡはアメリカの国防に資する情報を収集するために外国の法律を犯すことが認められている。どちらの組織もデータを集めることに変わりはないが、ＦＢＩは集めたデータが法廷で使えるよう厳格な規則を守って活動する。ＣＩＡの集めるデータは――物理的あるいは電子的な窃盗により、または外国人に祖国を裏切るよう説得して――秘密裏に入手することが最も望ましく、当事者がデータの流出に気づかないように盗むのが望ましい。このように、二つの組織は法的に認められた権限や使命が決定的に違う。ＦＢＩは国内で活動する機関であり、ＣＩＡはおもに国外で活動する機関なのである。

対アルカイダ作戦においてＦＢＩとＣＩＡが協力できる分野もあるが、それは限定的であり、アメリカ合衆国への入国あるいはアメリカ国内での活動を企てている個人に関してＣＩＡが米国外で入手した訴因となりうる情報をＦＢＩに渡す、というケースがほとんどだ。これはＦＢＩに対する批判ではなく、純粋な現実を述べているにすぎない。ＦＢＩはアメリカ国内ではアメリカの法律を守り、国外ではその国の法律を守って活動する。ＣＩＡはアメリカの法律を守るが、外国においてはさまざまな方法で情報を収集することが許されている。ヒツジとオオカミがともに安らかに眠れる世界であれば理想的なのだろうが、いまのところそれは非現実的な話で、アメリカ国外におけるＦＢＩの活動方式は仔ヒツジがお行儀よくオオカミに情報をくださいとお願いするようなものだ。このジレンマをいっそう深くしているのが、すべての法執行官は文化や法制度や言葉の壁を超えて一つの仲間である、というＦＢＩの純真すぎる信条だ。「いったん現場に出てしまえば、法執行にたずさわる人間どうし、言葉が違っても目的は同じだ。お互いに信頼しあえるようになって、いい経験だよ」[*53]――国外でアルカイダの捜査をしていたとき、ＦＢＩのベテラン捜査官がそう言った。だが、それは違う。率直に言って、対ビン・ラディン戦争においてアメリカの味方は多くないし、手持ちのアルカイダ関連情報をすべて開示しようという機関など一つもない。国防に関する重要な情報が諸外国の関係情報機関や警察組織からもたらされるなどという幸運はないのだ。そういう情報は、ＣＩＡが盗み出すか売国奴から買うかして入手するものなのである。

こうしたことを前提にＦＢＩと司法省とＣＩＡが各々の責任範囲内で協力しあうことによって、ビン・ラディン、アルカイダ、イスラム武装組織との戦いに貢献できる余地はある。一九九〇年代にも、この三者の協力が重要かつ劇的な結果に結びつき、ビン・ラディンの重要な部下やスパイや支援者らに終身刑を言い渡すことができた。その中には、アリー・ムハンマド、マムドゥーフ・マフムード・サリーム、ラムジ・アフマド・ユースフ、ワリ・ハーン・アミーン・シャー、ワディーフ・アルハッジらが含まれる。これはなかなかの顔ぶれであり、アルカイダに関係のある人物を片っ端から投獄することは非常に重要だ。ここに名を挙げた人物の大半は、ＣＩＡが入手した情報をもとにＦＢＩと司法省が起訴し、有罪を勝ち取った。逮捕から有罪判決までのプロセスはアルカイダに対して非常に効果的な戦法ではあるが、対アルカイダ戦争に勝利をもたらすほどのものではない。アメリカの政策が間違ったのは、この部分だ。

アメリカの政府高官や政治家からは、法執行機関の活動によってアルカイダを打ち負かすことができる、といった発言をよく聞く。一九九八年末にニューヨーク州南部地区の検事が、ビン・ラディンの起訴は「テロに対する戦いにおける重要な一歩である。これはいかなるテロリストもわが国の法律を愚弄することは許されず、罪のない市民を殺害することは許されない、というメッセージの表明である」と発言し、これに加えて米司法長官が「このような残虐かつ卑怯な行為をおこなった者たちは……（中略）……裁判にかけられるだろう」と発言したとき、どちらの発言にも国内の犯罪者取扱いに対するＦＢＩと司法省の自信があふれていた。その背景には、ニューヨーク南部地区の検事たちがアルカイダに対しておさめた法的勝利があった。さらに、国務省のある高官は、米国内でアルカイダを非合法化する法律が成立したあと、「これでやつらを取り締まる法的根拠ができた」と安堵を表明し、国家安全保障に関していかにもアメリカ的な「さあ行くぞ、どんどん起訴しろ！」式の姿勢を見せた。[*54] ジョン・アシュクロフト司法長官も同じく、アルカイダ戦士二名が拘束されたニュースを指して、「われわれが対テロ戦争に勝利をおさめつつある」証拠であると発言した。[*55]

法執行機関の勝利を過大評価するあまり、アメリカの指導者たちは、この程度の成功例はアメリカとアルカイダの戦争における戦略バランスを変えるものではなく、勝利の原動力にはなりえない、という事実がよく見えなくなっている。スティーヴン・エマソンとダニエル・パイプスは、ほとんどの場合、裁判は「アメリカ国民の安全増進には役立たず」むしろ「不死身の幻想と……（中略）……隔離され守られているという感覚」を与えることによって国民の目から脅威を遠ざけている、と書いている。[*56] 法廷での勝利に浮かれているうちに、アルカイダへの対応を検討するアメリカの政策論争も混乱してしまう。チャールズ・クローサマーは、「われわれが裁判に熱狂するあまり、アメリカの外交政策に感染し、これを歪めてしまう」と書いている。[*57] こうした現象は善意によって引き起こされる場合もあるし、下劣な意図によって引き起こされる場合もある。政策立案者の中には、法的措置こそビン・ラディンに対する適切な対処法であると純粋に信じてこの分野に法外な予算をつける者がいる。一方で、アメリカの兵隊と威信を傷つける危険のあるアルカイダ対策の決定を先送りする手段として法的措置に力を入れようとする者もいる。テロを刑事罰の対象とし「司法省とFBIを対テロ対策の主導機関とする」ことの目的は「外交政策により大きな自由裁量の余地を確保するためである。外国からの脅威に愕然とするような事態に陥っても、あとで平然と取りつくろうことができるように」と、R・M・ゲレクトが『ウィークリー・スタンダード』誌に書いている。[*58] そして、情けないことに、CNNに一五分間出演したいばかりに法的措置を強調する行政部の高級官僚が存在するのも、また事実である。

　アルカイダに対してアメリカ国外においても法執行活動に固執するワシントンの姿勢は、国民の誤解を招きアメリカ外交を混乱させるだけでなく、アメリカの真剣さや敵に与える脅威を甘く見られるという結果を招く。聖戦《ジハード》の行き着く先は裁判と刑務所である、とワシントンが脅したところで、ビン・ラディンに煽動されたムジャヒディンがくじけたり思いとどまったり恐れたりする可能性はない(面白がることはあるかもしれないが)。アメリカの政府高官は、「アルカイダ幹部の連中は、いつロバに乗った伝令が山を越えてやってきてアルカイダの支部がまた一つなくなったと知らせてくるか、ビクビクしながら待っているだろうよ」と自己欺瞞の軽口をたたくが、刑務所への収監など、イスラム原理主義者にとっては何の脅しにもならない[*59]。アルカイダは文書や声明の中で戦士たちに対して、行き着く先は二つしかない、殉教か刑務所のどちらかである、どちらも神は同じようにお喜びになる、と明快に伝えている。「すなわち、アルカイダの若者たちは聖戦《ジハード》の先に殉教か拘禁かのどちらかが待ち受けていることを十分に承知しているのである」と、アルカイダのスポークスマン、アブドゥルラフマーン・アルラシードが二〇〇二年に説明している[*60]。ビン・ラディンらの動機は宗教であり、アメリカの法律によってアルカイダ戦士たちが収監されれば、ローマ法の厳格な適用がキリスト教の台頭を招いたのと同じ現象が起こるだろう――すなわち、アルカイダの旗の下に過激派や献金や祈りがますます多く寄せられることになるだけだ。

　ビン・ラディンは、自分はアッラーによって示され預言者ムハンマドによって説明された法の精神と文言に従って行動している、と信じている。そのことを、ビン・ラディンと戦う者は常に念頭に置くべきだ。ビン・ラディンが一九九九年に発言しているように、イスラム教徒にとって「唯一責められるのは、アッラーの命令にそむき、預言者の道から外れ、宗教を捨てることだけである……（中略）……法とは人間が作ったものではない。法とはアッラーがお与えになったもの」なのである。[*61] イスラム史の中で現代という時代は、一人一人のイスラム教徒がイスラムの信仰や同胞や土地を攻撃する十字軍兵士と戦わなければならない時代なのだ、と、ビン・ラディンは主張する。「イスラム教においては、人間はアッラーを崇拝するために作られたものである。アッラーがわれわれを創造され、宗教を与えて祝福してくださった。そして、アッラーの言葉を不信心者どもの言葉よりも高く掲げるために、聖なる戦い『ジハード』をおこなうよう命じられた」[*62]

ビン・ラディンは神の法を守り、「不正義を見て何もなさぬ者は神によって罰せられるであろう」という預言者ムハンマドの警告に従って動いている。とすれば、ビン・ラディンやアル・ザワヒリらが、寒くわびしい夜、火を囲んで座って茶を飲み、あぶり焼きにしたヤギの肉を食らいながら、幹部戦士が何人か殺害され拘束されたから聖戦《ジハード》をやめにしようか、とか、自分たちはニューヨーク州で起訴されているし逮捕されたら官選弁護人しか付かないから聖戦《ジハード》はやめにしようか、などと考えるはずもない。永遠の天国を見つめる視線には、終身刑で監獄につながれる懸念などはいりこむ余地はないのだ。「わたしの名前がＦＢＩの最重要指名手配者リストに載っているとしても、わたしには、アメリカの手を恐れず神の手を恐れよ、としか言いようがない。アメリカには終わりがある。神には終わりがない。その違いさえわかれば、来世で幸せになるのは難しいことではない」と、ビン・ラディンは述べている。[*63] アメリカ人は少なくとも、ルース・ウエッジウッド教授のアドバイスを心に留めるべきだろう。「法執行だけに手段を限ってしまったら、ビン・ラディンに対抗することはできない。アメリカ国民は法の力に深い信頼を寄せている。しかし、われわれのリーガル・ロマンチシズムは国の波打ち際までにとどめておくべきであろう」[*64]

対アルカイダ戦争において、アメリカの法執行機関と情報機関が協力しうる範囲が限られているならば、なぜわれわれは両者の全面的な協力にこだわるのだろうか？　ここでも、答えは「事なかれ主義」だ。一九九〇年を迎えるころ、「情報コミュニティの協力」という言葉に含まれる概念は、達成困難な長期目標ではなく、神聖なるマントラに祭り上げられていた。「多様性」とか「多文化主義」といった言葉と同じく、「情報コミュニティの協力」もイデオロギーなのである。しかも、議会と行政府と公務員にとっては、定義の必要もなく疑問の余地もないスローガンなのである。この概念を強制したために、省庁間――とくにテロ対策の分野――に協力関係どころかとげとげしい空気が生まれた。にもかかわらず、他の省庁から協力を拒絶されたことを公に発表する省庁はなく、皆で口裏を合わせてそうした不満が議会に聞こえないようにしている。情報コミュニティにおいては、議会に悪い話が聞こえないようにすることでキャリアが守られるのだ。偽りの協力関係が国家の安全保障に危険を招来していることを指摘したりすれば、キャリアは台無しになる。

一九九〇年代にはいって対アルカイダ戦争が激化してくると、米情報機関の職員は議会に呼ばれるたびにＦＢＩとＣＩＡのあいだには「水も漏らさぬ協力関係がある」と証言して委員会や政府高官らを欺いてきた。悪意の有無は不問に付すとしても、ＣＩＡとＦＢＩの水も漏らさぬ協力関係が嘘であることは、単純な事実だけで証明できる。コンピューター時代を迎えて二〇年にもなるというのに、ＦＢＩはいまだにＣＩＡなど他機関とのコミュニケーションはおろか、ＦＢＩの組織内ですら迅速・安全・確実なコミュニケーションを確保するコンピューター・システムを持たない。わたし自身の経験でも、ＣＩＡからＦＢＩに電子文書を送り、直後に電話をかけてデータを送ったことを知らせたにもかかわらず、ＦＢＩから文書が見つからないのでＦＡＸでもう一度送り直してほしいという連絡が返ってきたことが幾度となくあった。文書の取扱システムがあまりにずさんなので、一九九〇年代後半には文書そのものを人がＦＢＩまで直接持参していたくらいだ。言うまでもなく、ＦＡＸや人間を使ってＦＢＩに届けた情報が電子データベースに保存されることなど皆無であった。九月一一日のテロ事件以前に要注意人物リストが有効に活用できなかった原因がどこにあるか想像がつこうというものだし、ＦＢＩ組織内の情報検索システムや他の情報機関との情報共有システムができていないことを見れば、九月一一日以降に改めて調査すべき対象がどのあたりなのかもわかるだろう。

悪意の問題にも、残念ながら、触れなければならない。それは、ＦＢＩに信頼できるコンピューター・システムがないのはなぜか、という問題にとどまらない。もっと重大な話だ。わたしの経験からすると、ビン・ラディンに対する大規模な作戦が始まった一九九六年ごろからずっと、ＦＢＩ高官による悪意と怠慢があったと思う。

一九九六年から一九九九年にかけてわたしが毎日のように見てきたＦＢＩの対ビン・ラディン活動

は、アメリカ国内ではなく海外での活動を重視していた。わたしが一緒に働いたFBI職員たちは、海外で活動する場合にはCIA職員に付いて動くように、と上司から指示されていた。これは、アメリカ国外にFBIの事務所や教育機関を作りたいというFBI長官ルイス・フリーの熱意に沿った方針だった。彼らFBI職員の中で、CIAが提供した手がかりにもとづいてアルカイダ戦士の追跡に全力を傾注したのは、非常に高潔で勇気のあるアイルランド人職員一人だけだった。他の職員たちが興味を示したのはCIA職員の旅行に同行すること、とくに西ヨーロッパ方面への出張に同行することだった。また、あるときは、優秀なFBIアナリストが一年間準備を積んで海外活動を始めたにもかかわらず、成果をあげる前にFBI本部に呼び戻されたケースがあった。FBIが他の機関にこの職員の専門技術を使わせたくなかったからである。もっと深刻なことに、CIAからFBIに情報提供を依頼しても返事が返ってきたことはほとんどなかったし、アルカイダの案件を担当するニューヨークのFBI事務所に国内の手がかりを提供してもそれが他のFBI事務所に配布された例もほとんどなかった。役に立たないコンピューター、海外活動への固執、自己と組織の権勢拡大欲、アメリカ国内におけるアルカイダの手がかり無視——こうしたことの背景にはFBI上層部の意図が働いていたと考えざるをえない。これ以上に呆れるような怠慢を責められるべきは、こうした問題についてくりかえし報告を受けながら何の対策も取らなかったわがCIA上層部の事なかれ主義だ。しかも、彼らは政策担当者や議会に対して米情報機関のあいだには「水も漏らさぬ」協力関係がある、と虚偽の報告までしていたのである。こうした一連の問題が、二〇〇一年九月一一日につながった。

責任者を処罰したあとで、われわれは問題点を修正し、情報機関どうしが協力しあう意味や期待すべき成果を見直す必要がある。前述したように、ＦＢＩと司法省とＣＩＡが協力する余地はあるし、そうした協力はアメリカの安全保障にとって不可欠なものだ。目標は、アメリカ国内におけるアルカイダとその関係勢力を壊滅させるために、ＦＢＩが最も効率よく動ける環境を作ることだ。この目標へ至る道のりは遠く、われわれは今すぐ努力を始めなくてはならない。国内捜査に関してＦＢＩ職員は優秀であり、州や地方の法執行機関との連携も安定している。大切なのは、ＦＢＩと警察機関にはアメリカ国内の得意分野で実力を発揮させることであり、組織の使命・構造・訓練・態勢からして不向きな仕事――とくに海外捜査――を無理にやらせない、ということだ。ＦＢＩは米国外での活動に向けている力を国内に向け直し、国外での爆弾事件に捜査員を何十人も派遣するようなことをやめれば、アメリカの安全にもっと貢献できるはずだ。アメリカ国民が海外で殺害され、仮にＦＢＩがその事件を解決できたとしても、それでアメリカ国内の安全が向上するわけではない。アメリカをできるだけ安全な場所にするためには、ＦＢＩは海外への野心を膨らませたルイス・フリーの遺産から解き放たれる必要がある。

機密情報の漏洩

ジャーナリストに対する機密情報（最高機密情報も含まれる）の漏洩は、アメリカ政府高官、政治家、高級官僚、および軍幹部のあいだでは、かなり前からめずらしいことではなかった。著者の立場から知り得た範囲では、過去一〇年のあいだにこのような情報漏洩は顕著に増加しており、こうした情報を最も多く入手している『ワシントン・タイムズ』紙は連邦政府のかなり高いレベルに接触相手を確保していると思われる。さらに、共和党政権下でも民主党政権下でも同じように漏洩がおこなわれている点を見ると、接触相手は選挙結果とは無縁な——そして良心の呵責とも無縁な——高級官僚あるいは軍幹部であると思われる。漏洩は、件数そのものが増えているだけでなく、アメリカ国内外の政策に影響を与えようというような明確な意図のもとでおこなわれたとは考えにくいケースが急増している。つまり、自分が何を知っており、どのようにしてそれを知ったか、ということを世界や敵に対してひけらかすだけの目的でおこなわれる漏洩が増えているのである。

総体的に漏洩のための漏洩が目立つ傾向にあり、その動機としては子供じみた発想によるもの（役人が記者の機嫌を取りたい）、無知によるもの（九月一一日以降、機密情報の扱いに慣れていない連邦・州・地方の機関が増えている）、悪意によるもの（閣僚会議、次官級会議、国家安全保障会議などで意見の通らなかった人物が自説を主張する目的で、情報源や情報取得方法への配慮もせずにアメリカの国防にとって致命的な情報を流し、情報源の生命を危険にさらす）が挙げられる。非アメリカ国籍の情報源は祖国や大義を裏切ってアメリカに機密情報を提供しているのに、情報を漏洩する人間の大多数はそうした立場への配慮さえもない。情報源の中には、もちろん金のためだけに情報を渡す人間もいるが、アメリカ合衆国こそ自治実現のために最後で最大の希望であると信じて生命の危険をともなう国家反逆行為をおこなっている人間もいる。情報を漏洩する人間の動機が何であれ、米政府高官が機密情報漏洩の罪で訴追されたり免職されたりした例がほとんどないという事実が彼らを強気にさせていることは間違いない。情報機関で働いてきた二〇余年のあいだ、わたし自身、政府高官——政治家も、公務員も、軍人も——が機密漏洩で罷免された例を聞いたことがない。そういう処分を受けるのは政治的影響力のない下級役人や政治家だけで、それさえめったにないことだ。機密情報は配布される範囲が限られているから高官による漏洩のほうが犯人をつきとめやすい、という事実があるにもかかわらず。

情報漏洩は、アメリカの対ビン・ラディン戦争の足を引っぱる大きな要因になっている。アルカイダに関して初めて重大な機密情報の漏洩事実が明らかになったのは、一九九八年八月二〇日にアフガニスタン・ホースト付近のアルカイダ・キャンプに対してアメリカの巡航ミサイル攻撃がおこなわれた直後に発表された『ワシントン・タイムズ』の記事だった。これは、一三日前に起こったケニアとタンザニアの大使館爆破事件に対する報復攻撃だったのだが、八月二四日付『ワシントン・タイムズ』の記事でアメリカ国防総省「高官」は、米軍の攻撃目標が正確だったのはビン・ラディンの会話を電子的に傍受した成果だった、と暴露したのである。「八月七日にケニアとタンザニアで起こった米大使館爆破事件に続く二週間のあいだに、アメリカはテロリストの無線および電話による会話を傍受するという情報戦で成功をおさめた」と、アーネスト・ブレーザーがコラムに書いている。コラムは、某高官がこの時期まで情報を伏せておいたのは「テロリストたちがトマホーク［巡航ミサイル］による攻撃のあと部隊を再結集するために再びこの通信網を使う可能性を期待していたからである。ある高官は『問題の携帯電話番号の持ち主をつきとめたいと考えている』と発言した」[*65]と続いている。漏洩の天才たちは、そろそろテロリストたちに電話の使用をやめさせてもいい時期だと考えたらしい。当然、ビン・ラディンらがこの電話の使用をやめ、米情報機関は極めて貴重な情報入手経路を失った。ビン・ラディンらの作戦計画を傍受する手段をつぶした情報漏洩が、そのまま、二〇〇一年九月一一日の予期しなかったテロ攻撃につながっているのだ。この情報漏洩がきっかけとなって、アルカイダに関する情報がどんどん漏れるようになった。

このような卑劣な漏洩のせいで、情報組織が秘密裏にアルカイダの重要幹部を拘束するというめざましい成果を数多くあげているにもかかわらず、アメリカはその成果を十分に活かすことができていない。二〇〇二年三月のアブー・ズバイダ拘束から二〇〇三年三月のハーリド・ビン・アッターシュ拘束に至るまで、拘束から数日あるいは数時間のうちにその事実が米政府高官の口から漏洩されてしまう、という事態がくりかえし起きている。ある意味で、漏洩は対アルカイダ戦争の主導権を握ってテロ対策予算をなるべく多く確保することを狙う米情報機関どうしのライバル関係を露呈するものだ。一〇年近くビン・ラディン対策にたずさわってきた著者の経験からすると、アルカイダに関する最も重大な情報を漏洩しているのはＦＢＩ、国防総省、ホワイトハウスの三者である、と確信をもって言える。つまり、アメリカをアルカイダの脅威から守るうえで最も役に立っていない機関が自分たちの失敗を隠すために他機関の成果を横取りしようとして情報を漏らしている、と考えていただければ間違いない。いつかアメリカの対ビン・ラディン戦争に関して歴史が書かれるときがきたら、アメリカ国民は、情報機関の秘密工作活動がアルカイダに対して多くのめざましい勝利をあげた事実だけでなく、それらの勝利が他の情報機関の非協力的な態度や意図的な妨害にもかかわらず達成されたものであったという事実を知ることになるだろう。これらの機関による国益を無視した情報漏洩は、秘密工作活動にたずさわる人間が弁明をせず成果を公に発表しないのをいいことに、彼らの手柄を否定しようとする行為だ。

こうした組織どうしの抗争よりもっと危険なのは、わが国のエリート層の頑迷である。これだけ大量におよぶ情報漏洩の背後にある最大の原因は、アメリカの政治・軍事・情報・外交指導者、および知識人やメディア・エリートがビン・ラディンの脅威に堅実かつ真剣に向き合う能力に欠けていたことだ。確かに、対テロ対策費は大幅に増額された。確かに、アルカイダなどの武装勢力に対抗するための技術と人材は劇的に増強された。テロ対策にたずさわる人間の数は急増した——ただし、大半は未経験者で、数少ないベテランから必要な知識を学ぶには何年もかかりそうだが。確かに、アメリカの指導者たちは「対テロ戦争」を戦い抜こう、アルカイダが「祖国」に突きつけた「破壊的な」脅威に打ち勝つのだ、と声高に訴えている。確かに、司法省は国内における保護対策に着手した——残念ながら国家安全保障の名のもとに国民の自由を制限する対策ではあるが。

しかし、情報機関に対して新たに振り向けられた財源、人材、法律などの支援は、不幸なことに、ワシントンの情報漏洩者を相手にした勝ち目のない戦いに吸い取られてしまっている。情報活動の進歩や秘密工作員の英雄的働きに対する裏切りのように、メディアには漏洩された機密情報がごろごろ転がっている。たとえば、米政府高官は『USAトゥデー』に対して、「国家安全保障局による通信傍受」のおかげで九月一一日のテロ攻撃を計画したハーリド・シャイク・ムハンマドを拘束できた、と語った。[*66] あるいは、『ワシントン・ポスト』に対して、アルカイダの戦士で九月一一日に二〇人目のハイジャック犯になるはずだったラムジ・ビン・アルシブフが逮捕され、他の戦士の逮捕につながる「有力な情報を提供している」と語った。[*67] あるいは、『ニューヨーク・タイムズ』に対して、電話通信の傍受によってサウジ・アラムコ社の施設に対する破壊工作を阻止できた、と語った。[*68] あるいは、『ニューヨーカー』誌に対して、「最高機密の通牒覚書」の内容を明かした。[*69] あるいは、『シカゴ・トリビューン』に対して、無人偵察機プレデターがイエメンでアルカイダ幹部六人を攻撃殺害した際にCIAによる通信傍受の成果がどのように使われたかについて語った。[*70] 他にも、もっと嘆かわしい例はいくらでもある。それだけで本の一章が埋まってしまうほどだ。こうした情報が漏洩されるたびに、九月一一日以降続けられてきたアルカイダ対策の努力が帳消しにされ、アメリカの国家安全保障に対する最も破壊的な脅威が生き残ることになる。

さらに、ボブ・ウッドワードの『ブッシュの戦争』が出版され、情報機関で働く人間の上司や組織に対する信頼が揺らいだ。米情報機関では、新しく雇用された職員は職業上必要な多くの信条をたたきこまれる。その中でもとくに強く教えこまれるのは、メディアは秘密をかぎまわって公表し情報源や情報提供者の生命を危険にさらす情報機関の敵である、という考え方だ。ウィリアム・T・シャーマン将軍は一八七五年に、「[ジャーナリストは]世界のおしゃべり屋であり、配下の軍団の評価を得るよりも故郷で名声を得たがる将軍のほうへ流れていこうとする。彼らは予言し公言する誘惑にあらがえず、その結果、敵にこちらの目的を知らせ防衛策を講じさせることになってしまう」と書いている。[*71]シャーマンの見解はすなわち新入りの情報機関職員がたたきこまれる教えであり、わたしも最近までこの教えを疑わなかった。しかし、ビン・ラディンの通信を傍受するアメリカの能力に関する情報が漏洩されたのを知って以来、わたしの中でこの信条は徐々に崩壊しつつある。昨年一年間に同様の漏洩が急増するのを見て、本当に悪いのは秘密を活字にする人間だろうか、それとも秘密を漏らす人間だろうか、という疑問がわいてきた。アメリカの主要新聞・雑誌の編集責任者は機密情報の公表に関してもっと自己検閲機能を働かせるべきだという思いは変わらないものの、本当の敵がどちらなのかについては、断言できなくなった。ウッドワードの著書には、ジャーナリストではなく情報漏洩者こそがアメリカの国家安全保障を脅かす真の敵である、ということがはっきりと書かれている。たとえば、執筆に使われた情報の入手先についてウッドワードはさらりと書いているが、改めて読んでみれば、情報を提供した人間は連邦法を犯しており、昔風の表現をするならば、彼らは情報源、情報提供者と接触する情報局員、およびアメリカの国家安全保障を危険にさらし、そのことによって信頼を裏切り名誉を汚した、ということになる。著書の冒頭、「読者へのノート」の中で、ボブ・ウッドワードは次のように書いている。

本書は、二〇〇一年九月一一日の同時多発テロからの一〇〇日間における、ジョージ・W・ブッシュ大統領の戦いの報告である。

本書のために入手した情報には、もっとも重要な懸案を論議し決定するために、この一〇〇日間に延べ五〇回も開催された国家安全保障会議など、さまざまな会議の筆記記録が含まれる。大統領や主要閣僚の発言を引用した箇所の多くは、こうした記録に拠る。それ以外にも、個人の記録、メモ、日誌、内部文書、議事録といった文書も、発言の引用その他の部分の根拠となっている。

それにくわえ、……（中略）……戦争のための意思決定と遂行にかかわった一〇〇人以上にインタビューした。[*72]

『ブッシュの戦争』を読んでみると、ウッドワードの本の中核をなす情報の提供――文書にせよインタビューにせよ――を許可したり実行したりした米政府高官は、敵に対してとてつもない手がかりと安心を与えたと言わざるを得ない。『ブッシュの戦争』には、機密情報あるいはそうした情報収集に関係すると思われる項目が数多く見られる。例として、六ヶ所を紹介しよう。

また、［ジョージ・テネットCIA長官は］先だっては、二〇〇一年七月四日の独立記念日に攻撃があるのではないかという不安を口にしている。［元上院議員のデービッド・］ボーレンに情報を明かしはしなかったが、テネットの部下たちはその年の夏、ビン・ラディンのさまざまな同盟者のあいだで交わされた〝作戦開始《ゼロ・アワー》はあすだ〟とか〝目が醒めるようなことが起きる〟というような内容の通信を、三四件傍受していた。[*73]

CIAは厳重に秘密を守っていたが、じつは三年前からアフガニスタン人三〇人を金で雇い、暗号名〈GE／SENIORS《シーニアズ》〉という作戦を行なって、アフガニスタン国内でビン・ラディンの行方を追っていた……（中略）……。

CIAは、この〝長老たち《シーニアズ》〟と秘密保全措置をほどこした通信機で毎日のように連絡をとり、……（中略）……。[*74]

通信情報の傍受により、ビン・ラディンの工作員と判明しているもの多数が、テロ攻撃後に祝いの言葉を交わしているのを聞き取っている。[*75]

カタールの首長との非公式の会談で、ブッシュは信号情報の追跡がどれほど行なわれているかを教え、ビン・ラディンについてはことに詳しく触れた。「われわれはウサマ・ビン・ラディンが母親に電話をかけたのを知っています」と、ブッシュは首長にいった。「いずれはミスを犯すはずです。そうしたら捕まえますよ」[*76]

一〇月二九日月曜日の朝の〈脅威マトリックス〉には、翌週のテロ攻撃を示唆する数十件にのぼる警告が満載されていた。多くは信頼のおける新しい情報だった。既知のアルカイダ副官および工作員多数が、近々どでかいことが起きるといっているのを、あらゆるＳＩＧＩＮＴ（信号情報収集）の結果が明らかにしていた。[*77]

機密情報によれば、実権を握る急進派のイラン革命防衛隊がタリバンに武器を送っており、それがアルカイダにも届けられたとのことだった。[*78]

『ブッシュの戦争』に登場する情報漏洩者の少なくとも一人には機密情報を渡すことによってウッドワード記者を使い九月一一日以前のビン・ラディンに関する米政府の活動「事実」を無意識に書き換えさせようとした意図がうかがえるものの、大半の情報漏洩は傲りと傲慢と意味の取り違えが原因であると考える。傲りとは、すなわち、米政府高官がアメリカの力を敵と比較して圧倒的に有利であると思い込んでおり、それゆえ政治的理由などのために機密情報を漏洩したり情報源を危険にさらしたりしても敵は気づかないだろうし（とんでもない！）、漏洩によって情報源が閉ざされてもすぐに新しい情報源を開発できるだろうと考えている、ということだ。しかも、アメリカのエリートは自信満々で、アメリカが負けるなどとは考えてもいないし、他国がアメリカと同じになることを望んでいないとは夢にも思わないし、二一世紀にアメリカが大帝国になることはまさに運命の定めであり、人類に対する義務、とりわけ不潔で無学で非民主的で非白人で髭もそらず女性の権利も認めないイスラム大衆に対する義務であると信じて疑わないのだ。傲慢（人種差別というべき？）とはすなわち、アメリカのエリートにとって、だぶだぶの服を着て、むさくるしい髭を生やし、アフガニスタンの山岳や砂漠で火を囲んでしゃがんでいるアラブ民族を寄せ集めた組織がアメリカに致命的脅威をもたらすとは信じられない、という精神構造だ。エリートも一般のアメリカ国民も、『エコノミスト』の言葉を借りれば、「いまだに［九月一一日の］攻撃を一回限りの悪夢、いわば自然災害かアメリカに対する通り魔的犯罪であったかのように受けとめているようだ」[*79]。アメリカのエリート層は、アルカイダがもっとひどい攻撃をしかけてくるかもしれない、と警報を発することによって自分たちの失敗をうやむやにする一方で、脅威を本気では受けとめていない。それは、英雄的な修辞で飾りたてた急場しのぎの軍事対策に走りたがる態度——たとえば、勇敢な言葉とは裏腹にアルカイダに対する徹底的壊滅作戦の実施には踏みきらない——と、アメリカ外交をもっと工夫すればイスラム教徒がアメリカを憎み攻撃することはなくなるだろうという馬鹿げた主張に、はっきりと表れている。

傲りと傲慢に加えてマイナスのインパクトを拡大しているのが、「意味の取り違え」である。言葉は簡単だが、これは、敵を倒しアメリカを守るうえで複雑な障害を呈している。アメリカ政府は、アルカイダら武装勢力に関してアメリカが直面している問題の本質を理解できていると思い込んでいる。すなわち、彼らはテロリストであり、アメリカが一九七〇年以来対決してきたような背後に国家のついているテロリストとほぼ同種の集団であり、ただ人数が多いだけだ、と思い込んでいる。こうした想定にもとづいて作戦を立てたのでは、勝ち目はない。確かに、アルカイダを民族国家と呼ぶことは明らかに正確性を欠く――アルカイダには定まった本拠地がない。しかし、彼らをテロリストと呼ぶことは、それ以上に重大で危険な誤りだ。この点については前著でも説明したし、本書の前段でも説明したので、ここで改めてくりかえすことはしない。ただ、テロリスト・パラダイムにもとづいてアルカイダ戦略を立てているかぎりわれわれは敗北する、とだけ指摘しておく。テロリスト・パラダイムで対処しようとすれば、時間のかかる法執行アプローチでマフィア組織を解体するときのようにテロリストを一人一人逮捕していくしかない。アメリカ政府高官はこの方針に従って、テロリストを一人ずつ拘束する方法でテロ対策が前進している、などと国民に説明しているが、これこそアメリカがアルカイダの実力、人気、動員力、耐久力、破壊力をいかに過小評価しているかを如実に示すものである。テロリスト・パラダイムに固執しつづければ最後にアメリカが敗北することは必至であり、いまだにアメリカの政策立案者がこのパラダイムを採用しているという事実こそ、何にも増してビン・ラディンとイスラム原理主義武装勢力全般に関する情報分析が不適切であったことを痛烈に告発するものだ。われわれは何十年も昔のパラダイムを捨てて、ビン・ラディンとアルカイダが民衆から広く支持を受け、世界にネットワークを持ち、急速に力をつけているイスラム原理主義武装組織であるという事実を受けいれなければならない。武装組織を相手にする戦いはテロリスト相手の戦いとは方法が異なるし、規模も大きい。有能な指導者（ビン・ラディンは単なる有能な指導者を超える存在である）が率いる武装組織との戦いは、忘れたころに再発するテロリスト相手の戦いと違って、長い時間がかかり、より多くの資金と人命が費やされ、より過酷な戦いになる。二〇〇二年に発表した極めて洞察の深いエッセイで、リチャード・K・ベッツは次のように指摘している。

ゲリラの犠牲者を別とすれば、テロリズムとの戦いが変則的かつ準軍事的な戦争であることを認識する者はいまだ皆無に近い（なぜなら、テロは違法だからだ）。しかし、この二つは作戦的特質のうえで重複する部分が非常に大きい。ゲリラ戦の作戦理論はテロリスト攻撃の作戦理論と似ている。すなわち、力において劣る反抗勢力側が市民社会にまぎれて隠密に行動し、力において優る敵の数多い施設の一つを狙って総力で攻撃をしかける、という図式である。*80

犠牲者の視点を離れ、意味の取り違えを修正すれば、アメリカがテロをはるかに超える規模の信仰に衝き動かされた勢力と戦争をしているのだ、という認識が広まっていくかもしれない。また、こうした認識によって傲りや傲慢が戒められれば、機密情報の漏洩にも歯止めがかかり、国家安全保障に対する損害も小さくなっていく可能性がある。こうした基本的な教育努力が速やかに達成されれば、それだけ傲りや傲慢や情報機関どうしの争いを捨ててアメリカの勝利につながる戦略を作ることができる。わたしは、こうした教育努力によって情報漏洩者を矯正することができると信じている。情報漏洩者には二種類の人間しかいない。一つは、アメリカを愛する国民ではあるが国家が直面する脅威を理解しておらず、したがって個人や組織のつまらぬ目的のために情報を漏洩することに呵責を感じない人間。もう一つは、故意に敵を利する情報を漏洩する憎むべき反逆者。前者は矯正可能であるが、後者は法の許す範囲で処罰する以外にない。

アメリカ民主主義の押し売り

一八二一年初め、まだ建国の父たちの思想が人々の記憶に残っていた時代、首都ワシントンの市民委員会は四八回目の独立記念日にあたって米国務長官に記念講演を依頼した。七月四日、国務長官ジョン・クインシー・アダムズは下院の演台に立ち――当時はこうした目的にも使われていた――モンロー政権の見解ではなくアダムズ個人の考えにもとづいたスピーチをおこなった。国家の外交責任者の立場にふさわしく、アダムズは世界におけるアメリカの至当な役割に関する私見を披露した。

アメリカは、怪物退治のために国外へ出ていくことはしません。アメリカは、すべての国々に自由と独立を願うものであります。アメリカは、ひとり自国のために戦い、自国のために擁護の弁をふるうものであります。アメリカは、一般的大義を冷静な意見と穏やかな模範によって推奨するものであります。自国以外の旗の下に一度なりとも参集すれば、たとえそれが他国の独立を掲げた旗であったとしても、利害と策謀の戦いや個人の欲望と嫉妬と野心の戦いにまきこまれ、自力で脱出しがたい事態に搦めとられてしまうことを、アメリカは承知しております。そうした戦いは、自由の色を不法にまとい、自由の規範を不法に行使するものであります。そうなれば、アメリカの根幹をなす行動原則が知らぬ間に自由から武力へと変化し……（中略）……アメリカは世界の独裁者になってしまうおそれがあります。それでは、アメリカはもはや自ら誇る精神の主権者でなくなってしまうのです。[*81]

イラクとアフガニスタンの国家建設問題、またリベリアやビルマやハイチやジンバブエの政権交代に口を出し、世界一三億のイスラム教徒が抱く堅固な信念——戦争や喜捨から学校教育に至るまで——を西欧化させ世俗化させようとしているアメリカにとって、アダムズの言葉（というより警告）は一八二一年当時に比して現在のほうがより適切かつ必要かもしれない。ことに、政治家、牧師、役人、メディア、政治思想家らがこぞって「アメリカ帝国」の確立を声高に叫び、『ワシントン・ポスト』の記者などは帝国の行政を補佐する閣僚レベルの「民主的政権交代省」が必要だとまで書くような今日において、ジョン・クインシー・アダムズの発言の妥当性は際立って見える。[*82] アダムズが国務長官として、また後にはアメリカ合衆国大統領として、アメリカ史における偉大な帝国建設者であったところに、彼の言葉の重要性がある。アダムズはアメリカに視線を向けていたが、かといって孤立主義者ではなく、外の世界へも目を向ける伝統的なニューイングランド人であった。アダムズは、経済的繁栄も、あらゆる形の知識も、世界と交易をおこない、政府・民間を問わず諸外国と活発な交渉——商業、外交、知性、金融などあらゆる分野で——をおこなうことによって得られるものと確信していた。アダムズは世界に通じており——アメリカ最高の外交官だったというべきかもしれない——アメリカは他の国々と実りある外交を展開すべきだし展開できるはずだと固く信じていた。また、アダムズは反戦論者ではなかった。戦争は人間の世界において最悪ではあるがけっしてなくなることのない現実であると考えており、どの国も生き延びるために他の方法が失敗した際には武力で自国を防衛しなければならないと考えていた。ただし、侵略戦争は良しとせず、一八四六年にはマサチューセッツ州選出の下院議員としてジェームズ・ポーク大統領が始めたメキシコ戦争——最近までアメリカがおこなった最も正当性に欠ける戦争だった——に反対して激しく雄弁な論陣を張った。

読者のみなさんは、アメリカ外交政策に関するジョン・クインシー・アダムズの考えと現在アメリカがウサマ・ビン・ラディンやイスラム武装組織と対立していることとのあいだに何の関係があるのか、と思うかもしれない。わたしとしては、ビン・ラディンに対するアメリカの政策の中で、傲りや傲慢が原因で十分に検討されていない二つの局面について、アダムズの考え方が参考になると思う。

第一は、アメリカの理解できない文化や政治や社会を持つ他国のために民主主義を標榜して戦うことは、アメリカが国外において「自力で脱出しがたい事態に搦めとられてしまう」事態を招く危険性がある、という警告だ。このアダムズの声に、いま、アメリカ国民は足を止め耳を傾ける必要がある。アフガニスタン（いずれはイラクも）における現在の状況ほどアダムズが警告したしっぺ返しを如実に示している例はない。第三章で説明したように、アフガニスタンはこれ以上ないほど非アメリカ的な風土であるうえに、アメリカの指導者の言動を見ても、戦争の結果を見ても、わが国の政治家、役人、軍人、および情報機関や外交にたずさわる人間が開戦前にアフガニスタンに関する「検証可能な項目」を検討した形跡はほとんど認められない。

二〇〇一年も終わりに近づいたころ、われわれはアダムズの「怪物退治」に出かけたのであるが、わが国の指導者たちはアフガニスタンの歴史、文化、社会について何も知らないまま国民を怪物退治に連れ出した。指導者たちは、怪物を殺したあとでアフガニスタンの経済とインフラを再建し、二〇〇〇年以上続いてきたアフガン部族社会の伝統を取り払って西欧式民主主義と世俗的政治制度を持ち込めばいい、と自信満々だった。アメリカの指導者たちは、六世紀以来の歴史を持つ頑強で保守的なイスラム信仰も脇へ押しのけて進めばいい、と楽観していた。が、イスラムの信仰は、アフガニスタンが三〇年近くにわたって共産主義者や無神論者や外国の占領軍と戦い、あるいは内戦をくりかえしてきた中で、社会により深く浸透し、過激化し、中東的になっていた。二〇〇三年後半、カルザイ大統領の力が宮殿の敷地より少し広い範囲にまで縮小し、タリバンとアルカイダの反米勢力が拡大して軍事的実力のある古参のムジャヒディン——ヘクマトヤール、ハーリス、ハッカーニーなど——を傘下に収め、アメリカ率いる連合軍への攻撃を激化させている現在、「自国以外の旗の下に一度なりとも参集すれば……（中略）……利害と策謀の戦いや個人の欲望と嫉妬と野心の戦いにまきこまれ……（中略）……そうした戦いは、自由の色を不法にまとい、自由の規範を不法に行使するものであります」というアダムズの信条が脳裏を去らないのは当然だろう。ワシントンの上層部にはアフガニスタンで起こっていることを国民に説明できる人物はいないのか。アフガニスタンの戦争は終わり、国の大部分は安定した、という明らかに真実とはほど遠い公式宣言を受けて、いまアフガニスタンで何が起こっているのか、少なくとも理解できる人物はいないのか。アダムズが「利害と策謀の戦い」と呼んだ状態が今日アフガニスタンにおいてわが国の指導者たちの理解とコントロールを超えた事態に発展しており、さらには「自力で脱出しがたい事態」に陥っているというのが現実ではないのか。ただ一つ地平に見える光は、確かにアフガニスタンはアメリカにとって大失敗であったけれども、アフガニスタンのケースより多くの「検証可能な項目」を無視して進んできたイラクはそれ以上の大失敗になるかもしれない、という可能性だろうか。

アフガニスタンに対するアメリカのアプローチは、傲慢と断ずるほかない。自分たちの行き着く先を知らぬまま、アメリカは大規模な空爆を実施し、続いてきれいごとの地上作戦を展開して、米兵の犠牲を出さないかわりに敵兵も大半に武器を持たせたまま帰郷させてしまった。次に、アメリカはアフガニスタン最大の部族――アフガニスタンの歴代支配者はこの部族から出ている――を無視したままカブールに政権を樹立し、アフガンの部族主義やイスラムの教えから見れば受けいれがたい西欧的政治スタイルを押しつけようとした（イラクでも同じ）。要するに、アフガニスタンにおけるアメリカの政策と行動はアルカイダとタリバンの機動力をわずかに削いだものの、予想したとおり外国の占領軍に対するアフガン社会の排外主義を再び燃え上がらせ、アメリカはいまや軍事的存在《プレゼンス》を大幅に増強してアフガニスタン全土にわたる破壊的な戦争に踏みきるか、あるいはベトナムやソマリアのときのようにしっぽを巻いて退却するか、という決断を迫られている。現状では、ビン・ラディンとムッラー・オマルとペルシア湾岸の後援勢力は、ただ忍耐強く構えて反政府武装活動を続けるだけでアメリカに傲慢と頑迷の馬鹿高い代償を払わせることができるのである。

インスタント民主主義へ突き進むアメリカにとって、最悪なのは傲慢ではなく、頑迷に裏打ちされた驕りであろう。第二次世界大戦以来、アメリカは政治、メディア、軍事、学術、社会の各分野において、自国の歴史をほとんど知らない、あるいは顧みないエリートを育ててきたようだ。これらの無知な指導者たち（大半が男性）のもとで、アメリカは、歴史家ニール・ファーガソンに言わせれば「注意欠陥障害の巨人」になってしまった。[*83] アフガニスタン、イラク、ビルマ、ロシア、リベリア、サウジアラビアにもわが国と同じような民主主義が安くお手軽に構築できる、と吐き気がするほど快活な口調で話すアメリカの指導者たちは、諸外国の土地や文化や歴史や信条や野心に対する無知を披瀝している。しかも、彼らは苛酷な戦いと努力によって今日の成果を達成したアメリカの歴史すらほとんど知らない。前述したように、二重の無知はアメリカを自業自得の惨禍にひきずりこむ可能性がある。二〇〇三年八月、歴史家ジョシュア・ミッチェルは、民主主義が外国で簡単に構築できると請け合う軽薄な指導者を信頼することの危険性をアメリカ国民に警告した。ミッチェルの声に耳を傾けた者はほとんどいなかったが、民主主義の建設者たるアメリカの失敗が日ごとに明白になりつつある現在、彼の明晰な主張と予測にいま一度注目する価値があると思う。

独立から二五〇年近くを経た現在、アフガニスタンとイラクにおけるアメリカの外交政策を動

かしているのは、アメリカ人の精神に深く刻みこまれてほとんど行動様式と化した感のある思想、すなわち、独裁者を排除すればあとは市民とリーダーがこぞって独裁者の妨げていた自由を実現させるだろう、という思想である。アメリカでそうなったのだから、当然他の国々でも同様の展開になるはずだ、というわけである。こうして、われわれの解放戦争、イラクを「ジョージ三世」から解放しようという戦争が始まった……（略）。アフガニスタンにおいても、イラクにおいても、アメリカは戦争そのものには勝利したが、「ジョージ三世症候群」に毒された外交政策のせいでせっかくの勝利を失おうとしている。自由とは、自然に発生するものでもなければ、全世界共通の願望でもない。異なる国にあって異なる秩序、名誉、ことに部族への忠誠に従って生きている人々の精神は、求めるところもまた異なる。これらの国民は、われわれが自由を志向するのと同じ切実さで、われわれとは異なるものを志向する。それゆえ、せっかく解放された国民が秩序をもたらす新たな独裁者を歓迎したり、国家やイスラムの名誉のために命を投げ出すテロリストを歓迎したり、近代民主主義の真髄である社会的多元性や寛容に逆行して勝者がすべてを独占するのが当然と考える部族首長を歓迎したりすると、われわれはひどく驚く……（略）。

われわれの解放戦争は、狭量な願望を生み出す可能性がある。そうなったときに唖然として立ちつくすのでなく、われわれが打ち倒そうとしている独裁者は解放された国民が当面耐えねばならぬ混乱よりは望ましいものかもしれぬという事実、あるいは、中東ではいまだ物品やサービスにもまして名誉が重んじられているという事実、さらには、血のつながりは個人の主権よりはるかに重要であるという事実に、前もって十分思いを致すべきなのである。[*84]

悲劇を生む可能性のあるこうした傲慢を増大させているのは、現在の民主政体に至るまでにアメリカ国民が経てきた困難でしばしば残虐な苦闘の長さと本質を忘れてしまった——あるいは、いまの若者が受けている教育を考えると、最初から習わなかったのかもしれない——アメリカ人の傲りが傲慢の周囲を塗り固めているからだ。アメリカの民主主義は一六〇八年にジェームズタウンで始まったのでもなければ、一七七六年の大陸会議から始まったのでもない。民主主義の発祥は、一二一五年、ラニミードでイギリスの封建家臣たちがジョン王の専横を制限したときまで遡る。そして、中世のイギリスから二〇〇三年のアメリカまで、八世紀近い歳月をかけて少しずつしかし確実に個人の自由が拡大し、市民権が認められ、自治が始まり、司法の独立が確保され、教会と国家の分離がなされてきたのである。これらは前例のない偉業であるが、ここまでの道のりは平坦ではなかった。むしろ、残忍残虐な事件と人物に彩られ、内戦や法廷闘争や都市暴動が起こり、貴重な命が失われ、投票がごまかされ、リンチ事件や民族・人種にからむ暴力があり、労使の衝突があり、じつに憎悪と偏見と頑迷に満ちた過程であった。幸運か、神の助けか、アメリカは豊饒で温暖で資源の豊かな土地に恵まれ、数々の破壊的な事件にまきこまれずにすんだおかげで、さまざまな障害を克服して今日に至ることができた。たとえば、宗教改革と反宗教改革のうねりに助けられこそすれまきこまれずにすんだこと、その後に続いた宗教戦争にもまきこまれずにすんだこと、その結果、信仰をめぐって国民どうしが殺し合いをしなくてすんだことは、非常に幸運だった。

今日のアメリカの民主制度は、魔法のように出現したものでもなければ、天から下されたものでもない。われわれの祖先がイギリスで種をまき、北米で種をまき、英雄的な人々の八世紀に及ぶ努力があってようやく実現したものであり、最近議論されているような第二次世界大戦の「偉大な世代」の功績に限ったものではない。確かに彼らの功績は大きいが、ヨーロッパの絶対君主と教皇の至上権に反抗して立ち上がった人々、絶対的な不利をはねかえして大英帝国との戦いに勝利して今日に至る道を拓いた人々の功績ははるかに大きい。おそらく、われわれが最大の感謝を捧げるべき対象は、一八六一年から一八六五年にかけて五〇〇〇もの戦場で互いの血を流しあった人々であろう。彼らのおかげで、今日われわれは自由かつ団結した国家を持ち、それを擁護し防衛し慈しむことができるのである。

アメリカは誇るべき伝統、将来に向かって守るべき伝統を持っている。しかし、そうした伝統を作り上げてきた経験、英雄、戦争、疑獄、犠牲、勝利、誤謬、敵役などは、圧縮してCD-ROMにコピーして他国の国民に渡せばそれだけで彼らが何の苦労もなくミニ・アメリカになれる、というものではない。アメリカ以外の世界や人々がそんなふうに動くと思うのは幻想だ。もっと悪いことに、それはアメリカの底知れぬ無知を露呈するものであり、命を賭して暴君や教会に抵抗し、連邦からの脱退を阻止するために戦い、外国の支配や奴隷制度や人種差別に反対し、政教分離やその他無数の正義をめざし戦ってアメリカ民主主義の礎を築いた人々を冒瀆することなのだ。

このように、今日ビン・ラディンやイスラム武装組織と対決するにあたり、イスラム世界を西欧式民主主義に手早く安易に変換させるという解決法はありえないのだ、ということをアメリカ国民は認識する必要がある。イスラム教徒には民主的政府が作れない、ということではないが、確かに二〇〇四年におけるアメリカ民主主義とイスラム社会とのあいだには圧倒的に相容れないものがある。パトリック・J・ライアンが『アメリカ』誌で簡潔に表現したように、「キリストの王国はこの世の話ではないが、一方、理想の国家を現実に建設することはイスラムの核心である……（中略）……イスラムは現実に成就しなくてはならない。社会的・経済的にこの世で成功しなくてはならない。そうでなければ、その神聖なる原点が疑われることになる」のである。[*85] アルカイダのオンラインマガジン『アルアンサール』に掲載されたサイフ・アルアンサーリーの文章も、ライアンの分析を裏付けている。アルアンサリの説明によれば、聖戦《ジハード》は「イスラム共同体がイスラム国家建設を本気でめざす場合、避けて通ることのできない問題である。国家の建設なくしては、神が啓示されたイスラム教の確立はおぼつかず、したがって国家は神が信者に約束された権能の実現と言えるのである」。[*86]

イスラム民主主義が可能であろうとなかろうと、われわれは自分たちの歴史的経験とそこから生まれた社会がアメリカだけに限った特殊な例であることを認識しなければならない。アダムズ国務長官が一八二一年に述べたように、アメリカは「すべての国々に自由と独立を願うもの」でありうるし、そうでなければならない。しかし、それは「『自由の』一般的大義を冷静な意見と穏やかな模範によって推奨する」範囲にとどめておくべきなのだ。それ以上は不可能かつ不必要なことを成そうとする試みであるうえ、アメリカが歩んできた厳しく苦しい道のりを無視することであり、他の国民に対して彼らが望まない政治社会制度を押しつけ、間違いなく反抗を招くことになる。アメリカの軍事力は確かに強大であるが、かつての残忍な夢想家ウッドロー・ウィルソンのように他国民にアメリカの是とする人物を選ばせるほどの力はない。ローマ帝国のように専断的な力と残忍性をもって帝国を創建し治安維持をはかるのではなく――ローマ帝国はアメリカのエリートが大好きなモデルだが、このこと自体、アメリカの歩んできた道筋に対する無知を物語っている――アメリカ国民は忍耐強く、平穏に、そしてわれわれが受けついだ自由と豊かさを考えると、謙遜な心をもって歩を運ばなくてはならない。われわれは「ひとり自国のために戦い、自国のために擁護の弁をふるう」――手始めにビン・ラディンとイスラム武装勢力を打ち負かす――ことで満足しておくべきであって、民主主義の名のもとに世界を改革しようなどという大志を抱く必要はないのだ。そして、おそらく何よりも、他国の――とくにイスラム世界における――独裁政権や絶対君主の援護国であることをやめる必要がある。半世紀にもわたって暴君を保護してきた前科があっては、いくらアメリカが民主主義の建設を謳ったところで、イスラム教徒が信用するはずもない。いかに悪辣な君主であろうとも、とにかく国内の秩序と安定、そしてイスラエルとの平和的関係、安い石油価格を維持するイスラム政権には好意的に対応する、という外交姿勢は、アメリカの信頼性を失墜させ、民主主義建設の最後の可能性まで打ち砕いてしまう。ジョン・クインシー・アダムズは、国外まで進出して民主主義の建設を試みることの危険を説いたとき、二〇〇四年のアメリカが外国の専制君主を臣民の反感から守るという泥沼にはまっていようとは想像もしなかったに違いない。「アメリカは地図上の国境線が見慣れていて好都合だという理由で軽率にも弾圧を支持している」と、例によってあくまでも率直なラルフ・ピーターズが書いている。「ドイツ皇帝《カイザー》や王や帝政ロシア皇帝《ツァー》の亡霊たちは地獄で高笑いしているに違いない……（中略）……われわれは尊敬のかけらも得られず、偽善と無責任ゆえに軽蔑されている。われわれはアメリカの遺産を日々冒瀆しつづけているのだ」[*87]

ビン・ラディンの勢力がわれわれを攻撃するのは、われわれの在り方や思想が原因ではなく、行動こそが原因なのである、ということをアメリカの指導者たちがはっきりと認めたときはじめて、アメリカは妄想にもとづいた無分別な民主主義の十字軍遠征をやめることができる。そしてそこから、アメリカ国民は国家安全保障に対する現下の脅威をいかに打破するか、もっと正確に言うならば、増大する一方の人的・経済的被害を出しつづけてまでイスラム世界に対する現在の外交政策を継続することがアメリカの利益にはたして適うのかどうかについて、知的な議論が可能になるのである。アメリカの勝利は、現在より増強した軍事作戦と外交政策の劇的方向転換とが融合したところにある、とわたしは考えている。どちらか一方だけではダメだ。現在の軍事作戦と外交を継続し、投票手続や政治的多元論やフェミニズムや政教分離を教えてやってよく説得すればイスラムの敵はアメリカに対する憎悪を捨てて消え去るだろうと思いつづけているかぎり、その先には残念ながらアメリカの敗北が待っている。「勝ち取ることの不可能な心と精神を勝ち取ろうとして法外な努力を浪費してはいけない。敵意を抱いている人々に対する説得は勝利をもってすべきである」と、一九九九年にラルフ・ピーターズが賢明なアドバイスをしている。[*88] その勝利は国家の安全保障を危険にさらし軍事的選択肢しか残さない現在の外交政策を改めることによって手にすることができる、というアドバイスを付け加えておこう。

第七章

アメリカの頑迷な政策が敵を利する

戦争において致命的な誤りは、敵の力、心情、資力を過小評価することである。

W・T・シャーマン北軍将軍（一八六一年）*1

よりよい方法は、自分たちの見地でなく敵の見地に立って敵を判断することだ。

ロバート・E・リー南軍将軍（一八六五年ごろ）*2

戦争を容易で安全なものにしようとする試みは、ことごとく屈辱と惨禍に終わるであろう。

W・T・シャーマン北軍将軍（一八七五年）*3

手もとに配られたカードを開いてみたら大半がエースだった、あるいは自分が支配できない――影響力を行使することさえできない――さまざまな力が合わさって背中を押してくれた、と思えるような場面も、ときにはあろう。そういう幸運は続かないのが常であるが、ウサマ・ビン・ラディンとアルカイダは二〇〇一年九月一一日の衝撃的な勝利の日からずっとこの幸運に恵まれているように見える。この思いがけない幸運は当然の成り行きと言えないこともない。なぜなら、ビン・ラディンと彼の大義の行方は、最終的にはビン・ラディン一人が握っているものではないからだ。ビン・ラディンが一九九六年以来くりかえし発言しているように、イスラム教とイスラム世界が生き残れるかどうかは一人一人のイスラム教徒にかかっており、一人一人のイスラム教徒の責務なのである。イスラムはアメリカ率いるキリスト教十字軍とユダヤ教徒から攻撃を受けており、それゆえ一人一人のイスラム教徒は信仰の命ずるところによって防衛的聖戦《ジハード》に参加しなければならない、とビン・ラディンは主張する。この聖戦《ジハード》における自分の主たる役割は、自分の言葉によって、自分の副官たちの言葉によって、さらにはアルカイダの行動によってイスラム教徒を煽動し、神がコーランによって示し預言者ムハンマドが言動によって示したイスラム教徒の義務を果たすよう動機づけることである、とビン・ラディンは以前から述べている。

それでもやはり、ビン・ラディンは降ってきた幸運は利用できるようにアルカイダを準備していた。そして、煽動の内容をイスラム教徒にとって最も関心の深い現実的なテーマに絞り、中東はじめすべてのイスラム世界からアメリカを追い出すという自分の中心目標と合致するように考えていた。ビン・ラディンのいわゆる「外交目標」は六項目で、いずれも明快だ。一、アメリカの対イスラエル援助をすべて止めさせ、ユダヤ国家をなくし、代わりにイスラム教徒のパレスチナ国家を樹立する。二、アメリカおよびヨーロッパ諸国の軍隊をすべてアラビア半島から撤退させ——大半の部隊をサウジアラビアからカタールに移したからといってイスラム教徒はだまされない——すべてのイスラム教徒の領土から撤退させること。三、アメリカによるアフガニスタンとイラクへの介入をすべてやめさせること。四、中国、ロシア、インドその他の政府によるイスラム教徒抑圧政策に対するアメリカの支援と黙認をやめさせること。五、イスラム世界のエネルギー資源をイスラム教徒の完全な支配下に置いて適正な価格に戻し、アラブ政権が西側に媚びて設定した安い原油価格のせいでイスラム教徒が貧困に苦しんでいる現状を終わらせる。六、アメリカの庇護下でイスラムの教えを無視した統治を続けているイスラム政権を排し、イスラムの教えを守って統治をおこなう政権を樹立する。ビン・ラディンにとって、この基準に合致する政権はムラー・オマールのアフガニスタン以外にない。それ以外のイスラム政権は滅ぼさなくてはならない。

こうした外交分野での優先項目を定めることによって、ビン・ラディンは部下や一般のイスラム教徒に具体的目標を与え、同時に、アメリカの対イスラム政策を判断する際の基準を与えた。アヤトラ・ホメイニは単純にイスラムの優越性を主張し、欧米の堕落や誘惑や世俗主義を非難するだけだったが、ビン・ラディンは違う。また、ビン・ラディンは「アメリカのあれ」をやめさせて「イスラムのこれ」を採用させて……といったアメリカ式の馬鹿げた野望も抱いていない。すなわち、アメリカの教育課程をコーランにもとづいた内容にしろとは主張していないし、アメリカ国民の寄付はアルカイダが承認した団体に限るようにとも主張していないし、西側諸国の教会と国家が合体するよう要求もしていない。要するに、アメリカ人がイスラム教徒のようになれとは要求していないのだ。

一方で、ビン・ラディンは、神がイスラム教の優越性を示した点を改めてイスラム同胞に認識させ、十字軍からの攻撃を六つの具体的局面に整理してイスラム教徒の関心をそこに集中させた。欧米の倫理的・宗教的堕落を非難したアヤトラ・ホメイニの言葉に同調するイスラム教徒は現在でも少なくないものの、アメリカ人がバドワイザーを醸造したり、成人向け映画を製作したり、サルマン・ラシュディの本を買ったりする行為をやめさせるために命賭けで聖戦《ジハード》に参加する者はほとんどいなかった。ホメイニの言辞は抗議と憎悪と怒りにあふれているが、少数の例外を除いて、命賭けで「大悪魔」と戦う動機づけにはならなかったのである。「これまでのところ、ビン・ラディンはホメイニが失敗した方面で成功をおさめている。ビン・ラディンは革命的な考えをイスラム世界全体に広めた。それはホメイニの夢であったのだが、ホメイニの宗教解釈は厳しすぎて、彼の属する少数派であるシーア派が支配的なレバノン南部までの地域を除いては、あまり支持を得られなかったのである」[*4]と、ジャーナリストで作家のジュニーヴ・アブドーが書いている。バーナード・ルイスが論文「憎悪の歴史の標的とされた国」[*5]の中でビン・ラディンの動機や訴求力をホメイニのそれと同等にみなした点は間違っていると思うが、ルイスはこの二人のイスラム指導者の成功と失敗を分けた相違点を正確にとらえている。二〇〇二年九月、バーナード・ルイスは『ウォールストリート・ジャーナル』に次のような文章を寄せた。

より重要な問題であるにもかかわらず、あまり検討されてこなかったのは、イスラム原理主義者がわれわれを軽蔑の眼差しで見る理由である。軽蔑の基本的な理由は、彼らの目から見たアメリカのライフスタイルがあまりに不道徳で堕落している、ということだ。これは軽蔑すべき対象であるが、イスラム社会にとっての影響力を考えた場合、同時に危険視すべき対象でもある。アヤトラ・ホメイニがアメリカをくりかえし「大悪魔」と呼んだとき、彼は何を意味していたか？答えは明らかだ。悪魔は侵略者ではないし、帝国主義者でもなく、搾取者でもない。悪魔は誘惑者であり、コーランの言葉によれば「ひそひそ声で人の心に私語きかける」悪なのである。[*6]

ビン・ラディンはアメリカを「侵略者であり、帝国主義者であり、搾取者である」とみなし、そのように描くことに成功した。その結果、ビン・ラディンの言葉はホメイニに比べてはるかに強い反米インパクトを持っている。第一に、ホメイニがイスラム教の少数派シーア派であるのに対して、ビン・ラディンはイスラム教の多数派スンニ派出身であり、なかでも急速に勢力拡大中の最も保守的で好戦的なサラフィー主義者グループに属している。第二に、ビン・ラディンは西側世界全体を非難するホメイニの論法を排し、イスラム教徒のリベラル派から武闘派に至るまで広く合意を得られる六項目の具体的・基本的問題に焦点を絞っている。大多数のイスラム教徒は預言者の土地から非イスラム教徒——預言者ムハンマドは死の床で、彼らにアラビア半島での居場所はない、と言い残した——を追い出したいと考えている。同様に、多くのイスラム教徒がイスラエルの消滅を喜び、イスラム教徒によるパレスチナ国家の建設を歓迎するだろう。また、イスラムの土地に産する石油や天然ガスの輸出でもっと大きな利益をあげ、その金でイスラム教徒の生活を向上させよう、という考えに反対するイスラム教徒もほとんどいないだろう。さらに、地球上で最も残忍で抑圧的で堕落して偽善的な背教的イスラム政権、一族で国を支配し石油の利益を自分たちの放蕩に浪費し銀行やビジネスマンや学者を金の力で操っている政権を打倒することに対して、反対の声を上げるイスラム教徒もほとんどいないだろう。そして、カシミール、チェチェン、インド、新疆などアラブ世界の中心から離れた地域のイスラム教徒たちに対する抑圧政策は、ビン・ラディンの言及にもましてイスラム系衛星テレビによるリアルタイム映像のおかげで、いまやイスラム教徒のあいだで重大な問題と認識されるようになった。これら六項目は大多数のイスラム教徒にとって異論のない外交目標であり、ビン・ラディンは、これらの目標のためにイスラム教徒が聖戦《ジハード》に参加するならば神は勝利を約束している、という肯定的なメッセージを送った。

　本章では、ビン・ラディンがイスラム世界に対してこうした文脈を示したことによって、アメリカが下した評価や決定や行動がビン・ラディンにとってどれほど有利に働いたかを検証する。ワシントンは偏狭なまでに「グローバルな対テロ戦争」に固執しているが、ビン・ラディンが挙げた外交目標に関連するアメリカの政策は、実際にはビン・ラディン側に資する結果となっている。前にも指摘したように、ビン・ラディンはイスラム世界における聖戦《ジハード》の旗手になることをめざしている。これは簡単なことではないが、ビン・ラディンが重視する六項目に関する現在のアメリカの政策は、アメリカを標的にして世界規模の防衛的聖戦《ジハード》を起こそうとしているビン・ラディンにとって、貴重かつ安定した追い風を送る形となっている。

イラク――望外の僥倖

ひとつ比較文化の質問をしてみよう。今日のイラクは、「欲しいけれどももらえるとは思わなかったクリスマス・プレゼント」のようなものである――その理由は？　答えを明かそう。つまり、ビン・ラディンにとって、アメリカによるイラク侵攻と占領はこれ以上望めないほどの僥倖だった、ということだ。アメリカのイラク侵攻は、アメリカからウサマ・ビン・ラディンへのプレゼントだ。ビン・ラディンは長い間そうなることを熱望していたが、現実にそうなるとはつゆほども期待していなかった。考えてもみるがいい、イラクはイスラム教徒にとって世界で二番目に神聖な土地であり、サダム・フセインによって長らくイスラム教が抑圧されていた土地であり、多数派のシーア派が少数派のスンニ派に痛めつけられてきた土地であり、とうの昔に起こっていたはずの内戦をバース党が残虐行為によってかろうじて抑え込んで秩序を維持してきた土地であり、フセイン政権が倒れれば両隣から互いにスンニ派とシーア派の台頭阻止を狙うイランとサウジアラビアが少なくとも秘密裏に介入すること必至と目される土地である。要するに、サダムが倒れたあとのイラクは間違いなく政治学者が「破綻国家」と呼ぶ状態に陥ることが目に見えている土地であり、隣国の餌食になりやすく、アフガニスタンと同じようにアルカイダや同類の組織がはびこる可能性の高い土地なのである。ビン・ラディンは、いくらアメリカでもこうした状況だけは避けたいと考えているに違いない、と思っていたことだろう。そんなことをすれば、自ら墓穴を掘るようなものだからだ。

ビン・ラディンは万一の望みを抱きつつも、アメリカが課した経済制裁によってイラクでは何百万人ものイスラム教徒が飢え死にしたといわれるだけに、アメリカも自国がイラクで憎悪の対象になっていることぐらいは自覚しているに違いない、と考えていたことだろう。現状でアメリカがイラクに侵攻すればイスラム世界の反米感情が急激に悪化することは想像がつくし、サダム・フセインの情けないほど無能な軍隊がアメリカ軍に圧倒される様子がテレビで流れれば、それを見たイスラム教徒がますます憎悪を強めることもわかりきっている。そんなことになれば、アメリカにとって事態はさらに悪化する。ビン・ラディンは、もう少し欲張りな夢を見る夜があったかもしれない——アメリカがイラクに長逗留し、民主主義を押しつけて長く支配権を握ってきたスンニ派を従属的地位に貶め、政府におけるイスラム的色彩を大幅に制限し、イラクの莫大な埋蔵石油に露骨に興味を示す……。世界中のイスラム教徒が、毎日のようにテレビでイスラム教国を占領するアメリカの行状を目にするだろう。アメリカ人は神が示された言葉の代わりに人間の作った法律を押しつけ、イラクの石油を盗み、「大イスラエル」建設への足場を着々と固めていく……。聖職者とイスラム学者はアメリカに対する防衛的聖戦《ジハード》を呼びかけ、世界中から志願のイスラム青年が駆けつけ、イスラム第二の聖なる土地は第二のアフガニスタンと化して、いつ果てるとも知れない聖戦が続く……。ここでビン・ラディンは目がさめ、すべては夢だったことを知る。アッラーの最も敬虔な僕《しもべ》でさえ、これほどの夢はとても実現するとは思えなかった。

ところが、二〇〇三年三月、アメリカがイラクに侵攻し、ビン・ラディンは——さぞ驚いたことだろう——長く待ち望んだ「クリスマス・プレゼント」を手にすることになった。侵攻に際して出されたファトワーは、アメリカに対する防衛的聖戦《ジハード》を呼びかけたビン・ラディンの主張を基本的にすべて認める内容だった。ビン・ラディン寄りの聖職者たちが出したファトワはもちろんのこと、シャイフ・サイイド・タンターウィー、シャイフ・ユースフ・カラダーウィー、シャイフ・サルマン・アルアウダなど高名な学者たちが出したファトワーにも、アメリカに対する憎悪がはっきりと表れていた。これらの学者たちは、ダニエル・バイマン教授によれば、「荒野で呼ばわる者どもではなく、スンニ派イスラム教の主流をなす学者たち」である。*7 アズハル大学総長シャイフ・タンターウィーは、二〇〇三年三月に、「敵がイスラムの領土に足を踏み入れたときから、聖戦《ジハード》はすべてのイスラム教徒男女の義務となる。アラブとイスラムの国々は土地と名誉と信条と祖国を標的とする新たな十字軍に直面することになるので、イスラム学者たちはアメリカ軍に対する聖戦《ジハード》がすべてのイスラム教徒男女の義務になると判断した」と宣言している。*8 結局、ビン・ラディンには頭上からクリスマス・プレゼントに等しいものが降ってきたわけだ。ワシントンが贈ったプレゼントは、後々までアメリカ国民を悩ませ、傷つけ、苦しめることになるだろう。

脅威の本質が見えていない

九月一一日のテロ攻撃直後には、アルカイダに対して戦争を始めることがアメリカの利益に逆行する結果につながろうとは想像もできなかった。ヨーロッパの連合諸国も、親米とされるイスラム諸国も――マイケル・イグナティエフによれば、なかには「アメリカが自ら招いた結果だとささやいた」[*9]国々もあったというが――アメリカが圧倒的な軍事力を行使することに熱烈な支持は示さなかったものの、CNNが世界貿易センタービルから次々に飛び下りるアメリカ人たちの姿を放映しているあいだはあえて抗議の声を上げなかった。そこでアメリカは反撃に出て、アフガニスタンで下手な戦争を始めた（第二章参照）。国防総省の上層部はサダム・フセインの息の根を止めるチャンスに色目を使っていたが、とにかく、アメリカは中途半端な対テロ戦争をイエメン、グルジア、ソマリア、イラク、フィリピンなどへ拡大していった。それから二年余り、対テロ戦争は順調に拡大を続け、九月一一日のテロに対する報復という範囲をはるかに超えた。もちろん、アルカイダへの報復も終わっていない。アメリカは現在もアフガニスタンに小規模な部隊を駐留させているが、攻めではなく守りの戦いに終始している。そして、前述した国々においてアメリカが「テロリズム」と定義した問題は拡大しつづけている。そのうえ、アメリカはイラク相手に二つ目の下手な戦争を始め、それを契機にイスラム原理主義武装組織の抵抗が激化した。ほとんど誰からも反対されることなく始まった戦争が、いまでは漠然とした終わりの見えない戦闘に発展し、敗北の色が濃くなりはじめている。さらに、アメリカの戦争はあらゆる反米的行動や言辞を「テロリズム」とみなす考え方から始まったとする見方も少なからずあり、英語圏以外ではほとんど支持を得られない戦争になってしまった。「ウサマ・ビン・ラディン本人でさえ、ここまで都合のいい展開は思い描いていなかっただろう。パール・ハーバー以来久しぶりにアメリカを世界の同情の頂点に持ち上げたテロ事件からわずか一八ヶ月で、アメリカに寄せられていた世界の善意はほとんどゼロになってしまった」と、リチャード・ドーキンズが二〇〇三年初めに『ガーディアン』紙に書いている。[*10] 本書を執筆している現在、アメリカの対テロ戦争は主要な敵を倒すという目標をいまだ達成できず、自国の利益を守ることよりもイスラム世界を民主化し世俗化するというドン・キホーテ的試みに力点が移り、アメリカに対する敵意と悪意を対応不可能な勢いで増加させている。

二〇世紀後半のアメリカ外交の考え方をそのまま継承した結果、われわれはウサマ・ビン・ラディンのアルカイダとムッラー・オマルのアフガニスタンが強固な勢力に成長して一回の軍事力行使では破壊しきれない存在になるまで、行動を起こさなかった。アメリカがこれほど致命的な優柔不断に終始した原因は、指導者や情報アナリストたちが脅威の本質に対する評価を誤り、国家を後ろ盾にしたテロというとらえ方からイスラム原理主義武装組織による抵抗運動というとらえ方への転換を拒んだところにある。実際、われわれがこの方向転換について十分に考え抜かないまま現在に至ってしまったのは、テレビに不定期に映しだされるテロ攻撃の壮絶な光景に立ちすくんでいたからだ。これらのテロ攻撃は、それによる人的・物的被害は相対的に少ないものの、政府の面目をつぶし、個々の犠牲者がらみでメディアが喜ぶストーリーを提供し、国民のあいだに短期的な憤怒の情をまき起こした。いうなれば、われわれはフラッシュライトのように一瞬で消える閃光に目を奪われていたのだ。フィルムは三六枚撮りなのに、われわれはその中の一コマしか検討しなかった。三六コマすべてをよく見れば、米軍の教官たちが遅まきながら気づいたように、テロリストの訓練施設がむしろ戦闘に向けて準備していることがわかったはずなのに。

一九七五年から二〇〇一年にかけて（レーガン政権と当時のCIA長官ウィリアム・ケイシーは例外）、アメリカ政府はテロ攻撃を受けたときだけ怒り狂って対テロ戦争を叫ぶが、痛みが去ってメディアの関心が薄れると沈黙し活動を停止する、というパターンをくりかえしてきた。あげくに、アメリカ大統領は対テロ戦争の担当者――いわば対テロ戦争絶叫担当官――を設け、メディアの矛先を大統領からそらすとともに、テロ攻撃後にワシントンは有効な対テロ対策を実施したという印象を与えようとした。このように後手後手に回る対応では、安定した財源の割り当ても、事態をじっくり検討することも難しい。しかも、テロ攻撃は散発的に起こるため、アメリカは手の打ちようがなく、事件が起こるたびにそのときどきの政府が厳粛な面持ちで「FBIが犯人を裁きの場に引きずり出すであろう」と約束することしかできない。まるでテロ攻撃がアメリカ国内の法制度に対する挑戦であるかのように。

われわれの対テロ対策を阻害しているもう一つの要素は（わたしは自分の目で見てきたから自信を持って言う）、アメリカの政官界にとって諸外国とくにヨーロッパ諸国の政府・国際機関の意見や反応の重要性に比べたらアメリカ国民の生命など無価値に等しい、という悲しむべき現実だ。情報機関の上層部は、これを「ワシントン・ポストの嘲笑審査」と呼んでいる——アメリカの政府高官たちは重要な決断を下す必要に迫られた場合、それが失敗に終わって『ワシントン・ポスト』などのメディアから嘲笑を浴び自分の出世が遅れるのではないか、ということを極度に恐れるのである。わたしはイスラム原理主義勢力によるテロや武装攻撃への対策に一七年間たずさわり、政府高官と何十回となく会議を重ねてきたが、彼らの口から「どの政策がアメリカ国民を守るのに最も役立つだろうか」とか「行動しなかったらアメリカ国民にどのような不利益があるだろうか」といった質問を聞いたためしがない。アメリカ国民に対して大量破壊兵器がらみの脅威が報告されているにもかかわらず、ヨーロッパ諸国の機嫌を取り結ぶために対策を遅らせた例さえ見たことがある。こうした会議でいちばん多く出る質問は、「議会は——あるいは『ワシントン・ポスト』は、CBSは、オープラ・ウィンフリーは、『ニューヨーク・タイムズ』は、テッド・コペルは、ジェイ・レノは、等々、等々——この作戦が失敗したり死者が出たりしたら、何と言うだろう？」というものだ。ビン・ラディンに関するアメリカの失敗をもたらしたのは、こうしてみると、テロリストから武装組織への変質を認識しようとしない精神構造だけではなく、あるいは人命を標的とする不法行為という認識から国家安全保障に対する脅威という認識への転換を拒絶する精神構造だけではなく、高級官僚のあいだに蔓延していた事なかれ主義だったのかもしれない。

アメリカの政府高官がテロから武装攻撃へのパラダイム・シフトを認めて適切な対応を考えるきっかけとなったはずの事件、傾向、人物などは多数あったが、わたしの目から見て大きな救いなのは、「テロリスト」キャンプの件だ。一九九〇年代なかばから、欧米諸国はアフガニスタンに「テロリスト」訓練キャンプがあるという事実をもってアルカイダをテロ集団と断定し、タリバンがこれに手を貸している——アルカイダに訓練キャンプの用地を提供し、活動を停止させる措置を講じなかった——と断じてきた。アフガニスタンのアルカイダ・キャンプで訓練がおこなわれていたという事実は疑いがない。問題は、その内容に対するワシントンの評価が正しかったかどうか、という点だ。訓練の目的は、西側諸国が重大な脅威とみなす自爆テロリストやハイジャック犯や誘拐犯や暗殺者を作ることにあったのだろうか？　答えは明らかに「ノー」だ。「キャンプ」は必ずしもそうした技術を教えるだけの施設ではない。テロリストの訓練ならば、家の中でもできるし、地下室でもできる。モスクでも、山間の林地でも、公園でも、貸しガレージでも、武道を教える学校でも、どこでもできる。さらに、まともなテロ集団ならば、テロリストの訓練は人目につかないところでおこなうのが常識だろう。

だからといって、アフガニスタンのアルカイダ・キャンプでテロリスト育成訓練がまったくおこなわれていなかったということではない。押収した文書、関係者の証言、これまでの攻撃内容などから、アルカイダがキャンプでテロリストを育成していたことは明らかだ。重要なのは、アフガン・キャンプの主目的はテロリスト育成ではない、という点だ。スーダンやイエメンやフィリピンやチェチェンやサウジアラビアにあるアルカイダ・キャンプや、アフガニスタンでの活動が困難になってから世界各地に新たに設けられた訓練キャンプについても、同じことが言える。キャンプの最大の役割は、過去も現在も、若いイスラム教徒たちに均質で優れた宗教的・準軍事的──すなわち武装兵士としての──訓練を施すことである。アフガニスタンのキャンプ跡を視察し、訓練内容をチェックした米軍の教官たちは、これらのキャンプでは「狭い範囲の高等な技術」を教えており、「完璧な戦闘員」──アルカイダの場合、武装兵士──を育成していた、と報告した。[*11] 一九八〇年代なかば以降、アルカイダの訓練キャンプは多数の有能な戦闘員を育成しており──そのようにして育った戦闘員が世界各地に散って戦い、あるいは新たな戦闘員を育てる──テロリストだけを育成してきたのではない。キャンプで訓練を受けたテロリストは正確に言えばアルカイダの市街戦要員であり、特殊部隊なのである。アルカイダのキャンプでは三〇年近くも前から戦闘員とテロリストの両方を育成していたにもかかわらず、西側諸国は少数のテロリストに目を奪われて、この事実にほとんど気づいていなかった。しかし、アフガニスタンで押収された資料によれば、キャンプではAK47、スティンガー・ミサイル、GPSシステム、陸上用慣性装置、RPGロケットランチャーなどの使い方、地図解読、爆破技術、天測航法、白兵戦テクニック、塹壕掘り、武器配備、敵地敵手脱出技術、救急処置、砲弾の軌道計算、通信の安全確保、等々を訓練していたことがわかっている。

われわれが暗殺者や自爆テロ要員の育成ばかりに気を取られて何の対策も講じなかったあいだに、

アルカイダのアフガン訓練キャンプでは非アフガン人イスラム教徒の軍隊や何百人もの有能な訓練指導員が着々と育成されていたのである。訓練キャンプにはどうやら大量破壊兵器の専門家もいて、兵器を製作したり、製作や使用法の指導にあたったりしていたようだ。米アフガン戦争のあいだに入手された資料や報告によると、アルカイダと他のイスラム原理主義集団が協力して対ソ聖戦《ジハード》中におこなわれた訓練の不統一部分を修正しようとした形跡もみつかった。対ソ聖戦《ジハード》当時は、「ある渓谷ではこの方法で戦い、別の渓谷ではまた別の方法で戦っている、という状態だった」と、米政府当局者は語っている。[*12] 一九八〇年代後半の創設以来、アルカイダの幹部は「軍事カリキュラムを開発」し、「抜け目なく知識を蓄積」してきたが、その大部分は欧米から得たものだった。[*13] アルカイダの軍事力について書かれた重要な――しかし残念ながらほとんど無視されている――論文の中で、C・J・チヴァーズとデイヴィッド・ロードは、「アルカイダの教育においてはアメリカの戦術や訓練法が重要な役割を果たしており」、教育内容は標準化されて「どんな言語でどんな場所で教育がおこなわれても同一の内容を提供できる」ようになっている、さらに、カリキュラムは「モジュール式、すなわち各単位が独立し完結した形式で、第一課、第二課と順に進む必要がないように工夫されている」と解説している。[*14] チヴァーズとロードは、アルカイダの訓練キャンプについて次のように評価している。

アルカイダ・キャンプは、さまざまな文化的・技術的背景を持った新兵たちが同化できるように均質の訓練プログラムを用意している……（中略）……「講習ではあらかじめ用意された一定の指導要領が使われている。それは、訓練の年次や地域や言語が違っても完全に同質の教育がなされていることからわかる」と、米軍の戦略担当教官が語った……（中略）……別の教官は、「だからこそ、これだけ多様な民族集団を戦力としてまとめあげ、戦うことができるのだ。兵士たちはみな同じ基礎技術を習得している……（中略）……アルカイダの訓練担当者は面倒な手続を省いて基本事項だけを非常によく教え込んでいる」と付け加えている。また、ある米軍教官は、「基本をしっかり、というのは古典的大原則だ。このツボを押さえておけば、実戦でかなり力を発揮できる」と述べている。[*15]

タリバン、北部同盟、以前にソ連と戦ったアフガン抗戦グループの訓練キャンプでも、事情はだいたい同じだ。加えて、これらのキャンプでは非アフガン人イスラム教徒に対する訓練もおこなわれていた。たとえば、ヒズビ・イスラミ・ハリスの司令官ハッカーニはカシミール人、アラブ人、アジア人などを訓練キャンプに受け入れ、湾岸諸国の支援者たちから費用を受け取っていた。また、故アフマド・シャー・マスードやアブドゥル・ラスール・サイヤーフは、中央アジア、中国西域、トルコ、ペルシア湾岸諸国などから来たイスラム教徒の訓練も引き受けていた。さらに、米軍のアフガニスタン侵攻以降は、タジク人、ウズベク人、チェチェン人、ウイグル人の訓練もおこなわれていたことがわかっている。つまり、アフガニスタンにはアルカイダやタリバンに属する訓練キャンプ以外にも多数のイスラム原理主義武装兵士の訓練キャンプがあり、そこで次々と欧米諸国を苦しめる戦士たちを育てているのである。にもかかわらず、こうしたキャンプで訓練された厖大な数のイスラム原理主義武装兵士が現在世界中に散開していて、必要とあらばいつでもどこでも部隊を展開させることができる、という事実を理解できていない評論家が多い。たとえば、二〇〇三年三月、『ウォールストリート・ジャーナル』の記者ヤロスラーフ・トロフィモフは、イラクに流入しているイスラム原理主義兵士たちは「アメリカ主導の戦争に対して何ら差し迫った脅威を及ぼすものではない。なぜなら、彼らの訓練はお粗末で、人数は少なく、現地に関する知識もないからだ」と書いている。[*16]

ここで、アフガニスタンから離れて、アルカイダと直接関係のない世界各国のイスラム原理主義集団の訓練キャンプおよび施設に目を転じてみよう。一九八〇年代以来、さまざまなスンニ派イスラム原理主義集団が、控えめに数えてもイエメン、パキスタン、カシミール、スーダン、フィリピンなどで訓練キャンプを運営しており、アメリカと連合諸国はそれに対して抗議を重ねてきた。さらに一九九〇年以降には、ソマリア、ウズベキスタン、モンテネグロ、エリトリア、中国西域、チェチェン、アルジェリア、タジキスタン、レバノン、ボスニア、イラク北部、アルバニアにも訓練キャンプが作られている。最近では、アメリカがグアンタナモ基地でイスラム原理主義兵士の育成にあたっている――彼らはスンニ派イスラム教徒の中でも最もひたむきで精神的にタフな戦士たちに育ち、それぞれの戦闘地域に帰還した際には偶像にも等しい地位を得るに違いない。しかも皮肉なことに、彼らは米国の軍医や納税者のおかげでバランスのとれた食事と医療サービスを受け、最も健康状態の良好なゲリラになるだろう。

こうした現状に加えて、第三章でも触れたように、インターネットのおかげで世界中のムジャヒディン志願者は一日二四時間週七日、いつでも教育が受けられるようになった。ここでも、アルカイダが「アメリカの軍および準軍組織が公表している情報を貪欲に取り込んだ」事実をチヴァーズとロードが書いている。[*17] こうした現実のおかげで、聖戦《ジハード》に参加するために赤貧にあえぐ志願者たちがわざわざ金をかけ危険を冒して外国の訓練キャンプまで行く、という必要がなくなった。要するに、西側諸国が自動車爆弾テロや暗殺や誘拐などの対策に照準を合わせているあいだに、スンニ派イスラム原理主義勢力は訓練を受けた優秀な武装兵士を育成し、彼らがいま中東、太平洋地域、南アジアと南西アジア、ペルシア湾岸地域、アフリカ北部・東部、およびかつてソ連だった地域において、アメリカや連合諸国の政府に挑戦状を突きつけているのである。テロリストだけならば、国家の安全保障に脅威を与えるほどの存在にはならない。しかし、テロリストと大規模な国際的スンニ派イスラム原理主義武装集団が合体すれば、それは間違いなく国家の安全保障を脅かす存在となる。

アメリカはスンニ派訓練キャンプの実態を漫然と無視してきたが、これと同様に、レバノンのシーア派武装組織ヒズボラが運営する訓練キャンプの働きも故意に無視してきた。一九八二年の結成以来、ヒズボラは有名なベッカー渓谷の施設を含めてレバノン国内で訓練キャンプを運営してきた。二〇余年にわたって、ヒズボラの訓練キャンプは——他国のスンニ派イスラム原理主義武装集団のキャンプと同じく——多数の自爆テロ・暗殺・誘拐の実行犯を養成してきたが、同時によく訓練されたゲリラ戦士も何千人単位で育成してきた。ベッカー渓谷のキャンプでは当初ヒズボラ戦士の訓練をおこなっていたが、やがて国外からシーア派の志願者を受け入れるようになり、さらにシリア、スーダン、エジプト、ヨルダン、パレスチナなどからスンニ派の志願者も多数受け入れるようになった。ベッカー・キャンプでの準軍事訓練を指導しているのはベテランのヒズボラ幹部だけでなく、イランのイスラム革命防衛隊の教官も加わっている。イスラム革命防衛隊はイラン国内でもシーア派およびスンニ派戦士の訓練キャンプを運営し、また訓練指導者をアフガニスタン、スーダン、ボスニア、中央アジアへ派遣している。ヒズボラがレバノン南部を占領していたイスラエル軍とゲリラ戦を戦って勝利をおさめた時期、ベッカー渓谷で訓練を受けたスンニ派戦士たちが戦場で実戦訓練を経験していた可能性も十分に考えられる。

世界がヒズボラによる欧米人誘拐、ハイジャック事件、派手ではあるが軍事的には重要性の低い自動車自爆テロ——一九八三年にベイルートで米仏の関係者を標的にしたテロが三件、一九九二年と一九九四年にブエノスアイレスでイスラエル関係者を狙ったテロが二件——などに目を奪われているあいだに、ベッカー渓谷の訓練キャンプでは、ヒズボラおよび世界のイスラム原理主義組織の幹部となる有能な兵士が続々と育成されていた。そして、スンニ派キャンプの卒業生と同じく、ベッカー渓谷で訓練を受けた外国人戦士たちもそれぞれの国に戻り、反政府闘争に参加する一方で仲間に訓練を施して組織の戦力を拡大していった。総体的に、ヒズボラに対する西側諸国の懸念は——アルカイダやその他のスンニ派グループに対してと同じく——テロリスト、もっと正確に言うならば組織の特殊戦闘要員だけに偏りすぎていた。ヒズボラの最も危険な部分は、過去においても現在においても、武装組織としての能力なのである。レバノンから最終的にイスラエル国防軍を退却させたのは、ヒズボラの武装組織としての勇敢さと耐久力であり、イスラエル国外で自動車爆弾テロを何件起こしても、同じ結果は得られなかっただろう。同様に、イラク占領中の米軍と戦うために派遣されたヒズボラ兵士のほうが一九八三年夏にベイルートで三〇〇人以上のアメリカ人を殺害したヒズボラの自爆テロ実行犯よりもはるかに危険な存在であることに、いずれアメリカも気づくときがくるだろう。

本書で何度も指摘しているように、わたしなどよりはるかに聡明で大きな影響力を持つ人々が「テロリスト」と「武装兵士」という言葉の相違を些細な意味論の違いとしか考えていないことが原因で、われわれはまたも苦しめられることになる。ここで重ねて問う――「テロリスト」の訓練キャンプと「武装組織」の訓練キャンプでは、違いがあるのか？　わたしに言わせるならば、答えは「イエス」だ。訓練キャンプの脅威に対応するための戦略を立てる際に、この違いは大きな意味を持つ。ビン・ラディン、アルカイダ、その他のスンニ派・シーア派組織といかに戦うかを正しく決断するうえで、この言葉の違いは決定的な重要性を持つ。アメリカの政策立案者がいつまでも訓練施設を「テロリスト訓練キャンプ」と認識しつづけるならば、われわれは今後も法執行機関と米軍特殊部隊と情報機関を融合させ、「イスラム原理主義者をきっとつかまえます」といった標語を掲げて王立カナダ騎馬警察隊もどきの活動をめざすことになるだろう。われわれは二〇〇一年九月一一日以前から六年間もこの種のアプローチに固執し、結局みじめな失敗に終わった。そして、あのテロ事件以降も、われわれはこの方針を維持しつづけ――新たに付け加えた空爆によって、旧式で使い物にならないソ連時代のガラクタ兵器を山のように破壊し、岩塊をいくつか砕いたが、他にほとんど成果はなかった――そのせいで、アフガニスタンでの戦争に負けようとしている。アフガニスタンの訓練キャンプが限られた人数のテロリストを育成するだけの組織であり、その人数をわれわれが把握しているのであれば、アフガニスタンに少人数の米軍部隊を駐留させてあとはアフガン人の代理に任せておく、というやり方も理に適っているかもしれない。しかし、訓練キャンプから厖大な数の武装兵士が生まれていると推測するならば、現在のやり方ではダメだ。

アメリカの大統領、副大統領、国務長官、司法長官、国防長官、国土安全保障省長官、FBI長官、CIA長官、その他専門家、メディア、学識経験者等々は、いまだにアメリカ国民および世界に向かって、アメリカ合衆国はアルカイダ・メンバーを一人ずつ逮捕することによってビン・ラディンを追いつめております、と言いつづけている。アメリカ大統領の言葉を引用するならば、「一人また一人と、テロリストたちはアメリカの正義の意味を知りつつあります」というところだ。[*18] 事実、テロとの戦いというパラダイムが知的にも経験的にもアメリカ人の中に深くしみ込んでいるせいで、われわれは時代錯誤から脱け出すことができない。二〇〇三年に五〇万ものイラク軍――その大半は生き延びて武器を持ったまま故郷に帰った――を相手に戦争をしている最中でさえ、アメリカは旧フセイン政権の「指名手配者」五五人をトランプにして、この五五人が拘束されてそれぞれの顔がバツ印で消されればイラクの問題は片づく、などと考えていた。アフガニスタンの場合と同じように、アルカイダ兵士はイラクでもこのパラダイムが誤りであることを証明してみせるだろう。

われわれが真になすべきことは、非常に困難だ。自分たちにとって理解不能な世界に直面させられた状況において、意味が通って安心だという理由で長いあいだ愛用してきた思考様式を速やかに捨てなくてはならない。しかも、自分たちが攻撃の対象となり、市民が犠牲になっていて、じっくりと冷静に考えることが難しい、という困難な状況下で、そうした決断を実行しなくてはならない。われわれが長いあいだ恐れてきた訓練キャンプは、現在も過去においても武装兵士の養成施設であり、併せてテロリストの養成施設でもあり、養成されたテロリストは数千人だが、武装兵士は一〇万人以上にのぼる。そして、このキャンプから巣立った者たちが自分の国に帰り、新たに何万人もの武装兵士を養成している。単純に考えただけでも、途方もない数字だ。これを全員拘束しようとするならば——そんなことはできるはずもないが——グアンタナモ基地の「キャンプ・デルタ」が一〇〇ヶ所あっても収容しきれない。われわれが直面している苛酷な現実は——過去二五年にわたって故意に現実を無視してきた結果だ——この戦争はまだ始まったばかりで双方に想像もつかないほど莫大なコストがかかるだろうということ、そして、この戦争においてわれわれは敵兵を何千人も殺さなくてはならないということだ。この判断は、非常に厳しいが正しいと思う。アメリカが政策を改めず、イスラム教徒に武装兵士を志願する動機を与えつづけるかぎり、この事態は変わらないだろう。われわれが現実に抵抗しつづけるかぎり、戦死者は増える一方なのだ。

玉石混淆の連合

九月一一日のテロ攻撃直後にアメリカは軍事的手段をもってタリバンとアルカイダを破壊すべきであったということは、いまさら言うまでもない。第二章で述べたとおり、短時間ながらチャンスがあったにもかかわらず、アメリカは完全に対応に失敗し、いまではタリバンもアルカイダも組織を再編成し装備を整えて、再び攻撃をしかけてきている。この失敗の一因は、アメリカの反応がワンパターンだったことにある。アメリカは諸外国と連合を結成し、アフガニスタンにおける米軍の行動に対する支持と援助と賞賛を得ようとした。イスラエルに対する無節操な支援を別にすれば、過去数十年にわたるアメリカの外交政策立案において、突然の「危機」に対処する前に各国の連合を結成することが絶対に必要であるという頑迷な信念ほど賛成しがたいものはない。ここ二五年ほどのアメリカ大統領の行動パターンは、友だちと一緒でなければトイレにも行けない一〇代の少女たちとさして変わらない。確かに、こういった連合が危機を解決するのに最良の方法である場合もないわけではない。とくに、地震、ハリケーン、洪水、干ばつなどの物理的な大災害や、飢饉や伝染病など人道にかかわるケース。あるいは、自国にとっていっさい利害関係のない国で大量虐殺が懸念され、多国籍軍による介入が望ましいと考えられるケース――二〇〇三年のリベリアや二〇〇四年のハイチがこれにあたる。しかし、自国の国益が危険にさらされている場合、あるいは少なくともそのように確信できる場合には、連合を構築していたのでは行動が遅れ、自国の政策・目標が独裁者の政策・目標に左右され、選択肢が制限されて、国家の安全保障を最大限に確保することが難しくなってしまう。ヘンリー・キッシンジャーは危機が起こるたびに新聞から頼まれて単調かつもったいぶった署名入り論説記事を発表し連合構築の必要性を説くが、迅速に対応し可能なかぎり広範な選択肢を確保しておくことがアメリカの目標達成にとってより良い場合もあるのだ。

アフガニスタンの場合、連合構築の努力は対応の遅れと玉石混淆の連合を生み、選択肢の幅を狭めた。九月一一日のテロは西欧文明に対する終末論的攻撃ではなく、アメリカという特定の国を標的として目に見える相当規模の人的・経済的被害をもたらす目的でおこなわれた攻撃だった。また、アメリカ国民に精神的打撃を与える目的でおこなわれた攻撃でもあった。これは限定的な目標を持った戦争行為であり、その目標は達成された。きちんと考えれば、あの攻撃がアメリカの自由あるいはライフスタイルのような数量化できないものを破壊しようとする攻撃でなかったことは明らかだ。ビン・ラディンの目的は、むしろ、アメリカを孤立させることにあった。あの攻撃によってすべてのイスラム原理主義武装集団の目をアメリカに向けさせ、一方でヨーロッパ諸国に対しては——あの攻撃の限定性を通じて——アルカイダに対するアメリカの報復攻撃に参加しないかぎりヨーロッパ諸国に危害を与えるつもりはない、というメッセージを送った。はたせるかな、九月一一日以降ヨーロッパ諸国がアメリカに寄せた支援は実質的な部分があまりなく、言葉ばかりが目立った。そして時が経過し、アルカイダがヨーロッパに警告的攻撃をおこない、アメリカがイラクに侵攻するに至って、ヨーロッパ諸国の対米支援は消亡した。

戦争行為――テロ行為ではない――をしかけられた以上、アメリカはアルカイダとタリバンに対して明白で容赦ない軍事報復をおこなうべきだった。アメリカはペルシア湾岸に軍事基地を持っていたのだから、パキスタンから最小限の協力を取りつけ、ウズベキスタン、タジキスタン、キルギスタンから基地と飛行場の使用について協力を取りつけるだけでよかったのだ。「パキスタンの協力は歓迎であるし、実際、不可欠である。が、軍事基地としてより有望なのは旧ソ連の中央アジアで、その大半はモスクワ当局の影響下にある。これらの国々には、旧ソ連がアフガン戦争のために建設した大規模な軍事施設がある。アメリカが必要な報復攻撃をおこなう場合、中央アジアは基地として最適のエリアである」と歴史家ジョン・キーガンが二〇〇一年九月二〇日付の『デイリー・テレグラフ』紙に書いている。[*19] 最小限これだけの協力を確保すれば、交渉相手国の大半が反イスラム独裁政権である点は多少問題であるとしても、短期間の戦闘には十分だった。ワシントンは早速キーガンが示唆したような協力要請に着手したものの、パブロフの条件反射のように単独行動を拒み、再び大テント方式に逆戻りしてできるだけ多数の協力国を集めるために時間とエネルギーと資金を浪費した。実際、アメリカの作戦に役立つかどうかを度外視して協力国を募ったせいで、ロシアやインドなど結局はマイナスになるような国まで連合に加えることになってしまった。

総体的に見れば、連合体制の構築に時間がかかったとしても、それはアフガン戦争の結果にはほとんど影響しなかったと言える。第二章で指摘したように、アメリカは準備もなく不意打ちを食らい、正確な情報を持たぬまま、ぐずぐずと下手な戦争を続けた。諸外国との連合体制構築に手間取ったことなど、わずかなマイナスでしかない。アフガニスタンにおける米軍の大規模攻撃が終了した日（二〇〇二年四月一日としておく）以降、この連合構築のためにアメリカが払った代償は、それがビン・ラディンおよびイスラム武装組織にどれほどの余裕と安心を与えたかを考えると、途方もない大きさになる。とくに、西側諸国の懸念とメディア批判を恐れる米政官界の弱腰が足かせとなってアメリカの軍事力が十分に行使できなかったこと、イスラム世界が凶悪な圧政国家とみなすロシアやイスラエルとの親密な関係のせいでアメリカの行動や目標が敵視されたことが大きい。

アルカイダの攻撃――いまや米官僚によれば「避けようのなかった事態」――に対して米軍が破壊的な報復攻撃を準備できていなかったため、第二章でも指摘したように、アメリカはアルカイダとタリバンを徹底的にたたく唯一のチャンスを逃してしまった。九月一一日の攻撃後、アルカイダとタリバンは急速に分散し、アメリカの集中砲火による攻撃は困難から不可能へ変わった。さらに悪いことに、二〇〇一年一〇月七日にアメリカが攻撃を開始したとき、アメリカのメディア、NATO諸国およびオーストラリアとニュージーランドの軍とメディア、さらにはアラビア系衛星テレビのリポーターやカメラ・クルーまで待ち構えていて、アメリカ軍の足手まといになった。また、アメリカの指導者たちはこの戦争を「善玉」対「悪玉」あるいは「欧米文明」対「武装した無政府主義」という単純な図式で表現していた。連合諸国やメディアから米軍に対して「文明国らしい」戦争を心がけて大量の民間人犠牲者を出すような作戦は避けるように、という要請があることは、最初から連合の代償として予想できた――しかも、軍服を着ず、民間人にまぎれて活動し、ジュネーヴ条約など聞いたこともないような敵を相手にして、である。アラブ系衛星テレビがリアルタイムで戦闘の映像を流したため、アメリカ率いる連合軍はメディアを気にしてますます軍事力の行使に慎重になった。要するに、アラブのメディア、欧米のメディア、米国以外の連合諸国の政治指導者たちは、アメリカに対して「文明国らしい」軍事力行使を要請したのである。玉石混淆の連合において「玉」の国々からこうした圧力があったために、米軍はアルカイダやタリバンを徹底的にたたくことができなかった。

玉石混淆の連合のうち「石」にあたる国々は、アメリカのアフガニスタン侵攻を黙認するのと引き換えに、自分たちの「対テロ戦争」についてワシントンの正式な支持を取りつけることに成功した。たとえば、ロシアの軍と公安がチェチェンの民間人に対して残虐行為を続けているにもかかわらず、アメリカ政府責任者はロシアのプーチン大統領に対してチェチェンのイスラム原理主義分離独立派に対する戦いを是認すると発言した。また、中国政府も、西域のウイグル分離独立派のみならずウイグル民族全体に対して数十年来進めてきた民族絶滅政策における米政府の正式な是認を取りつけた。中国政府はチベットに対しておこなった民族絶滅作戦を新疆自治区に対しても進めている。すなわち、大量の漢民族を移住させて人口構成を永久的に変化させ、ウイグルが支配してきた地域においてウイグル族を少数民族にしてしまおうとする政策だ。アメリカと連合諸国は、従来、中国のこうした政策には激しく抗議してきたのである。南アジアにおいては、アメリカはインドとの関係を強化すると同時に、パキスタンに対してカシミールのイスラム系反政府勢力に対する援助を中止するよう圧力をかけ、これによってインド政府のイスラム系市民虐待政策と、カシミール問題に対する国連決議を長年にわたって無視しつづけるというイスラエル顔負けの行動を、事実上是認する形になった。さらに、ワシントンはアチェ・イスラム原理主義分離独立派の壊滅をめざすインドネシア軍に武器援助を実施し、ミンダナオ島のモロ・イスラム原理主義集団に対するフィリピン政府の攻撃に助言と援助をおこない、イエメン政府のイスラム原理主義勢力抑圧政策にも手を貸している。

問題は、右に挙げた国々が国内の「テロリズム」に対して自国の望むように対処する権利があるかどうか――答えは「ある」――ではない。イスラム世界から恨みを買う残虐な政策を続けている政権と連合関係を結ぶことがアメリカにとって賢明なのかどうか、ということだ。アメリカ政府が対アルカイダ戦争の動機をロシアの対チェチェン政策、中国の対ウイグル政策、インドの対カシミール政策と同一視しようとしている以上、この質問は非常に重要である。こうした姿勢は、ビン・ラディンと戦ううえでアメリカに利点をもたらすだろうか？　どう考えても、対アルカイダ戦争をこの三ヶ国――それにイスラエルが加わる――による言語道断の政策と同一視することは、アメリカにとってマイナスとしか思えない。ビン・ラディンから標的にされているのはアメリカであって、ロシアや中国やインドではない。これら三国が国内のイスラム反政府勢力に対しておこなっている政策を支持し是認したところで、チェチェンにおける大量虐殺やカシミールにおける非合法殺人や新疆における静かな民族殺戮を合法と認めることになるだけで、これら三国からは口先だけの気まぐれな支援しか得られず、アメリカにとって実体的な利益は一つもない。これらの国々の賛成があろうとなかろうと、われわれはアルカイダと存続をかけた戦争をしているのであり、アメリカがこうした国々に支援を与えれば、「アメリカはイスラムに敵対しイスラム教徒を殺害し迫害する国々を支援している」というビン・ラディンの主張を改めて裏付けることになって、それだけ対アルカイダ戦争が困難になるだけだ。

要するに、ワシントンがビン・ラディンと戦うにあたって条件反射のように連合を構築しようとしたのは軍事的には必要のないことであり、イスラム教徒の憎悪をさらに煽るという点ではアメリカの利益にとって明らかにマイナスであった。アメリカは、ロシア、中国、インド、フィリピン、インドネシア、イエメンを連合に加え、サウジアラビア、ヨルダン、アラブ首長国連邦、クウェート、エジプトなどの独裁国家を連合に加え、中東における一九世紀植民地主義の巨頭であったイギリスとフランスを連合に加え、さらにイスラエルを連合に加えた。イスラム教徒から見れば、まさに「アメリカはイスラム教徒を抑圧しイスラム世界を抹殺しようと望む国々を選んで連合関係を結んでいる」というビン・ラディンの主張どおりであり、彼らの目にはビン・ラディンが預言者のように映っているに違いない。

永遠の足かせ

イスラエル。戦後のアメリカ外交の中で、まともな議論がこれほど困難かつ危険な問題は他にない。アメリカの外交と社会の分野を見渡せば、イスラエル批判を試みたりイスラエルとの一方的な同盟関係がアメリカの国益に適っているかどうかを問うたりしたために非難の嵐を浴びた人物がごろごろしている（最新の例は、アメリカ合衆国大統領である）。こうしたことを口にした人物は即座に反ユダヤのレッテルを貼られ、アメリカ政界から葬り去られる。まるで米イスラエル関係を疑問視するような国家安全保障論はありえない、と言うかのごとくである。確かに、アメリカからこれほど遠い場所にあり、名ばかりの神権政治を掲げる人口わずか六〇〇万の国家が、信教の自由と政教分離と表現の自由を誇りとする人口二億七〇〇〇万超の国家の政治や国家安全保障に関する重要な議論の許容範囲ひいては可否そのものまでを究極的に支配しているというようなケースは、歴史に例を見ない。民主主義に反するとしてはるか昔に国教会を否認したアメリカ合衆国が、傲然と「ユダヤ国家」であり民主主義国家であると宣言する国――国内のイスラム教徒に対する待遇、占領地の住民に対する政治的選択権の制限、難民キャンプの人々に永久的な国外追放生活を強いている事実などを見ると、とても首肯しがたい――に毎年三〇億ドルを超す税金をつぎこんでいるのである。国連をはじめとする国際的な討論の場において、アメリカはただ一国、国連決議に従わず核拡散防止条約に加盟しないイスラエルの擁護に回る場面が多い。アメリカの支持を背景に、イスラエルは望みどおりのペースで大量破壊兵器を開発し配備している。米イスラエル関係はアメリカにとって有害であるというアルカイダの指摘は、客観的にみてさほど的外れではない。

アメリカとシオニスト国家との親密なつながりは、それ自体アメリカにとって災禍である。この同盟関係の結果、米財務省は多額の出費を背負うことになるだけでなく、戦略的費用も法外な額に達している。なぜならば、親密な両国関係によって、アメリカに対する攻撃がシオニスト国家に対する攻撃に転化され、その逆のケースも起こるからである。このことによって、イスラム国家はいっそう団結を強くし、聖戦《ジハード》に邁進する力を得ている。[*20]

この呆然とするような現実を突きつけられては、イスラエルの外交官、政治家、情報機関職員、アメリカ人スパイ、元米政府高官、資金力豊富なユダヤ系アメリカ人組織など、従順なアメリカ議会に対してロビー活動にいそしむ親イスラエル勢力をひたすら絶賛する以外にない。歴史に前例を見ない仰天すべきやり方で、イスラエルの人々はアメリカという名の「ガリバー」にロープをかけて、小さなユダヤ人国家とその政策にしっかりと縛りつけてしまったのである。アナトール・リーヴェンが書いているように、イスラエルの戦術があまりに巧みであったため、イスラエルのナショナリズムは「多くのアメリカ人にとってアメリカのナショナリズムと深くからみあう」までになっている。[*21]

一九七〇年代後半から一九八〇年代にかけては、アメリカも今日のような米イスラエル関係――アメリカに金を使わせ、イスラム教徒の憎悪を招き、アメリカの国益にとって何一つ重要なメリットのない関係――を維持する余裕があったかもしれない。この時期、「アラブ・イスラエル和平プロセス」

は、温室で過保護に育てられた植物のごとく、深遠でわかりにくい問題の沿革や語法や構造に首まで浸かった少数の専門家たちのあいだで極めて熱心に話し合われる問題だった。この専門家グループが「和平プロセス」を推し進める一方で、パレスチナ人（後にはヒズボラ）が攻撃に出ない限り、あるいは両者の関係が戦争すれすれまで悪化しないかぎり、他の国々はかかわりを持たなかった。米ソの軍備制限交渉と同じで、世界の大多数の国々は、イスラム教国も西欧諸国も、当事者双方が和平プロセス専門家を間に立てて話し合いを続けているかぎり、それで文句はなかった。実質的な前進があれば結構なことだが、「プロセス」が進行中で話し合いが続いているかぎり、とくに前進がなくても構わなかったのである。

しかし、今日では事情が違う。「アメリカはイスラエル・パレスチナ論争をしばしば封じ込め可能な地域紛争のように扱うが、この問題は地域からあふれ出して、インドネシアやマレーシア等の国々において過激化しつつある」と、クライド・プレストウィッツが『ワシントン・ポスト』紙に書いている。[*22] プレストウィッツの言う「あふれ出した」時期がいつなのか正確に特定はできないが、一九八七年末にイスラム原理主義抵抗集団ハマスが設立され、その中の武闘派が以前から存在したパレスチナ・イスラム聖戦と共に活動しはじめたことによって「あふれ出し」が進んだことは間違いない。この二つの集団はイスラエル・パレスチナ戦争により破壊的な側面を持ち込み、その露骨なイスラム原理主義によって、より世俗的なアブーニダル組織（指導者サブリー・アルバンナー）、PLO（議長ヤセル・アラファト）、パレスチナ解放人民戦線（総指揮官アフマド・ジブリール）を上回る大きな関心と共感をイスラム世界から勝ち取ることに成功した。ハマスとパレスチナ・イスラム聖戦の下地を作ったのはアヤトラ・ホメイニ率いるイラン・シーア派のイスラム革命と、それに触発された国際的な「イスラムの覚醒」であり、これによって現代イスラム主義に凶暴さ、大胆さ、主張の強さ、楽観性が加わったことには欧米人だけでなく多くのイスラム教徒も驚かされた。これとほぼ同じころ、アフガニスタンのスンニ派ムジャヒディンもソ連軍およびアフガン共産党との戦争で優勢に転じはじめ、神の名と加護の下にイスラム過激派が戦争で達成できる輝かしい目標を実際に世に示すこととなった。

さらに、これらの出来事は衛星テレビで全世界に中継されることによって関連性を持ち、着実な前進を印象づけることになった。イスラエル軍とパレスチナ・イスラム聖戦やハマスとの血なまぐさい戦闘が（ときにはライブで）放映され、それを見た世界中のイスラム教徒はヒンズークシ山中でアッラーのために戦うムジャヒディンになりきり、あるいはホメイニの指導するイスラム再活性化の呼びかけに応えて運動に参加したりするようになったのである。こうして、一九九九年に第二次インティファーダが始まったとき、イスラム原理主義的色彩を濃くしていくパレスチナ人の抵抗闘争、世界的なイスラムの覚醒、アフガン人の対ソ聖戦《ジハード》勝利、そしてこうした出来事の展開を日々伝える衛星テレビ放送（アラビア系の『アルジャジーラ』も含まれる）が合わさって、それまで長いあいだ少数の関係者にとっては重要な問題だったもののイスラム世界全体が情熱を込め生死をかけるような問題ではなかった闘争が世界の注目を浴びるようになった。

ここに、ウサマ・ビン・ラディンが登場する。パレスチナに関しては、ヤセル・アラファトから西欧およびイスラム世界の政府関係者や評論家まで、ビン・ラディンは新参者でパレスチナ問題を自分の聖戦《ジハード》に利用している、という評価で一致している。わたしが *Through Our Enemies' Eyes*（敵の目を通して）に書いたように、ビン・ラディンはアフガン聖戦《ジハード》が終わる頃から、あるいはたぶんその前から、イスラエル・パレスチナ紛争に注目していた。[*23] ビン・ラディンとアルカイダの幹部たちはイスラエル国内で攻撃を実行したいという希望を述べる一方で、ヨルダン、シリア、レバノン、エジプトなど隣接する国々がアルカイダに安全な場所を提供してくれないのでそうした攻撃はこれまでほとんど不可能だった、とも述べている（ワシントンとイスラエルは満足したに違いない）。「［アラブの］支配者たちが［パレスチナの］問題を真剣に解決したいと考えているならば、国境を開くべきである……」と、アルカイダのスポークスマン、スレイマン・アブー・ガイスが二〇〇二年七月にコメントしている。[*24] ビン・ラディンによれば、一九九〇年代のバルカン戦争でアルカイダがボスニアに十分な武装兵士を送り込めなかった原因も同じく国境の問題だった。が、二〇〇二年一〇月にケニアのモンバサで起きたイスラエル資本のホテル爆破事件とチャーター機に対する攻撃、二〇〇三年一一月にトルコで起きた二つのシナゴーグ（ユダヤ教礼拝所）への攻撃事件は、アルカイダが対イスラエル戦争に本腰を入れはじめたことを物語っている。「われわれがこの神聖なる月［ラマダン］の挨拶をわざわざ遅らせたのは、ケニアのモンバサにおける二つのイスラエル攻撃作戦に時期を合わせ、この国が十字軍とユダヤの手によって直面させられている状況の中で二つの作戦の意味を訴えようという意図からである」と、二〇〇二年の攻撃のあとインターネットに発表した犯行声明の中でアルカイダが表明している。[*25] 第三章で指摘したが、レバノンにおいてアルカイダが勢力を拡大しているという事実も、ビン・ラディンがイスラエル国内における攻撃に向けて構想と資金と人材を準備していることを強く示唆している。ビン・ラディンがこれまで「目には目を」の方針でやってきたことを考えると、イスラエルの関与が明白な二〇〇三年三月のアブドゥルサッタール・アルマスリー（レバノン在住のアルカイダ司令官）暗殺を受けて、アルカイダは戦闘準備によりいっそうの拍車をかけるだろう。

ビン・ラディンとアルカイダはイスラエル・パレスチナ戦争においてはまだ主役を張るほどの存在ではないが、紛争をさらに国際問題化することにおいては一定の役割を果たしている。たとえば、アルカイダはイスラム教徒に人気のあるアルカイダ系ウェブサイト『アルニダー』やオンラインマガジン『アルアンサール』でイスラエル・パレスチナ戦争にたびたび言及している。[*26] イスラム教徒の目をパレスチナに向けるうえでさらに重要なのは、ビン・ラディンの国際的注目度であろう。ビン・ラディンは、自身の発言やアルカイダの攻撃や宣伝活動がイスラエルに向いているか否かにかかわらず、欧米およびイスラムのメディアをイスラム戦士が戦っているすべての地域に注目させる状況を作りあげた。前にも指摘したように、イスラムの指導者として、ビン・ラディンの力は並外れている。ビン・ラディンはすでに伝説的存在となり、あらゆるイスラム原理主義集団を動かしているように描かれるため、世界各地で起こるスンニ派イスラム教徒による攻撃を取材するジャーナリストは、必然的に攻撃の黒幕、協力者、資金源、あるいは精神的指導者として、アルカイダやビン・ラディンに言及する。そうした現実のおかげで、スンニ派武装集団はメディアからいっそう大きな注目を浴びるようになった。ハマス、パレスチナ・イスラム聖戦、最近ではファタハの軍事部門「アルアクサ殉教旅団」にメディアの注目が集まるようになったのは、これらの集団による攻撃だけでなくスンニ派武装組織の活動全般にメディアが関心を向けるようになったからだ。そして、それはビン・ラディン個人の言動やアルカイダの攻撃がもたらした成果である。二〇〇二年初頭、アブー・ウバイド・アルクラシーは『アルアンサール』に、「シンボルは価値を失っていない。シャイフ・ウサマは抑圧された東と西のシンボルとなり、非イスラム教徒にとってもシンボルとなった」と書いている。イスラエルがユダヤ教徒とイスラム教徒を分ける目的で建設中の壁に象徴される傲慢な人種差別主義と、その壁をパレスチナ人に対するさらなる迫害としてではなくイスラエルの自衛手段としか見ることのできないアメリカの愚鈍な感性によって、ビン・ラディンというシンボルはなおのこと輝きを増すのである。[*27]

大国ゆえの風当たり

世界の大国として、また世界で最も強大なメディア組織の本拠地として、アメリカはその代償に、常に世界から微に入り細をうがって監視されなくてはならない、という立場だ。なかには悪意をもって注目している者もいるし、アメリカの正当な行為を歪めて解釈しようと待ち構えている者もいる。これについて泣き言を口にしても、何の益もないし、みっともないだけだ。これは避けられぬ現実であり、アメリカは外交政策を立案・実行する際に常にこのことを念頭に置かなくてはならない。たとえば、九月一一日以降にアメリカ政府が実施した国内安全対策が、アルカイダに対する支持・不支持にかかわらずイスラム教徒のあいだで対米憎悪を強める結果を招いている。だからといって、ワシントンが何ら対策を取るべきではなかった、ということではない。ただ、アメリカと敵対するイスラム原理主義者たちの思考様式や意図を測るうえで、彼らの憎悪を増幅させ軍事行動を活発化させる可能性のあることがらをできるだけ多く承知しておくほうがよい、ということだ。ここでは、これから、イスラム教徒に武器を取らせてアメリカと対決するよう煽動しようとしている敵の意図に資する結果を招くことになったアメリカの施策――大半は必要な施策だった――のいくつかについて論じたい。

まず最初に、アメリカをはじめとする西側諸国をアルカイダがどのように評しているか、再確認しておこう。イスラム教を捨てようとせずキリスト教徒および同盟のユダヤ教徒に服従を拒むイスラム教徒を徹底的に辱めて、経済的に苦しめ、最終的に滅ぼそうとするイスラム永遠の敵――これが、西側諸国に対するアルカイダの見方である。アル・ザワヒリは二〇〇二年一〇月に、「イスラム教徒が一世紀以上にわたって最悪かつ最も深刻な被害を受けてきたことを、われわれは忘れることができない。イスラム教徒の土地は外国の軍隊あるいは政治的影響力によって占領状態に置かれている。イスラム教徒の資源は当然のように略奪されている。イスラム教徒は自由意志を奪われている。イスラム教徒の権利は放擲《ほうてき》され略取されている。イスラム教徒の聖地は包囲され接収されている」と発言している[*28]。アルカイダの言い分――西側の人間にも聞こえてはいるが咀嚼できていない――によれば、イスラム教国に対するアメリカの軍事攻撃と経済的圧迫も、情報機関によるムジャヒディンの追跡・逮捕・投獄も、イスラム教国への侵攻・占領も、すべてビン・ラディンらイスラム原理主義者が作り上げたアメリカの強欲なイメージを裏付け強化する証拠なのである。また、これほど明白ではないにしても、アメリカ政府によるその他の施策の中にも、アメリカ人や多くの西欧人から見ればごくありふれた常識的あるいは教育的な措置であるにもかかわらず、イスラム教徒からはアメリカがイスラムに悪意を持っていると訴えるビン・ラディンの主張をさらに裏付ける措置と受け取られてしまう事項がある。

入管規則の強化

入国管理規則の改正や業務の実施強化は、九月一一日以前においても以降においても、極めて当然な措置である。アメリカ社会においては、テロ攻撃後に入国管理規制を強化した議会の措置は、市民的自由の権利に関して多少の懸念は残したものの、おおむね当然のこととして受けとめられた。大多数のアメリカ国民は、九月一一日のテロ以降、米国内に不法に滞在する外国人の数を把握する必要がある、という考えに賛成だった。実際、ワシントンがすべての不法滞在外国人をつかまえて法的手続きを取らせるか国外退去処分にするという措置を徹底的に実行しなかったことは、危険であり案ずべき事態だ。しかし、イスラム教徒およびイスラム教国から見ると、新しく改正された入国管理規則は露骨な差別であり、イスラム教徒を貶め罪人視するものである、という理屈になる。たとえば、パキスタンのK・M・カスリ外相は、新入管規則がパキスタン国内における反米感情を増幅させているという理由から、ワシントンに対して入管規則を緩和するよう要請してきた。また、カイロの日刊紙『アルシャアブ』ではコメンテーターのムハンマド・A・A・サーリフが、「わが国もエジプト国内に滞在するアメリカ人に指紋押捺を求め、彼らの氏名をしかるべき機関に登録し、イスラエルおよびCIAとの関係について尋問したらどうか」と書いた。[*29]

こうした反応はビン・ラディンの言辞が直接に引き起こしたものではないが、ビン・ラディンが一貫して、西側諸国は意図的にイスラム教徒を貶めようとしてきた、と指摘しつづけた結果、アメリカの施策が悪く解釈されるようになった。世界貿易センタービルとペンタゴンを攻撃した犯人が現にウサマ・ビン・ラディンの呼びかけに応じて志願したイスラム戦士であった、という事実が判明しても、イスラム系の人々にとって、それは自分たちに対する規制強化を正当化する根拠にはならないのだ。空港警察による厳重なセキュリティーチェックでイスラム教徒が飛行機に乗り遅れたとき、あるいは二四のイスラム教国出身者だけが米国滞在中に定期的に米移民局に出頭を命じられたとき――イスラム教徒以外にこの規則を適用されるのは北朝鮮国民だけだ――彼らはこうした事態をイスラム教徒に対する嫌がらせ、差別、屈辱と解釈する。アブドゥルバリー・アトワーンは『オブザーバー』紙に、「アメリカは『移民の国』を自称するくせに、その価値観や原則に背を向けて、何千人ものアラブ人やイスラム系市民を拘留している」と書いている。[*30] イスラム教徒のあいだに否定的な解釈が広がっていることは、二〇〇二年五月から六月にかけてイエメン、エジプト、パキスタン、カタール、ヨルダン、サウジアラビアでメディアと政府がアメリカの入管規則を強く非難した事実からも見て取れる。政府寄りの『サウジ・ガゼット』紙は、二〇〇二年六月、「このたびの措置は間違いなく……（中略）……アメリカ社会に現に存在するイスラム世界への全般的パラノイアを増幅させることになるだろう」という記事を載せ、[*31]カタールの体制寄りの新聞『アルワタン』は、イスラム教徒を「報復の標的とし、容疑者扱いし、孤立させる」アメリカの「前代未聞の人種差別的」な行為を公然と非難し、「アメリカにはエイブラハム・リンカーンの政策を少し思い出してほしいものだ」と書いた。[*32]パキスタンでは、有力紙『ナワイワクト』が、新しい入管規則はアメリカが「世界に誇示してきた文明と文化」を物笑いの種に落とす仕儀である、と痛烈に非難し、「イスラム教のような世界的宗教と平和を愛するイスラム国家に対するこのような無礼はアメリカにとって有益な結果にはならないだろう。アメリカ政府、国民、議会はこのことをよく考えるべきだ」と警告した。[*33]新入管法はアメリカをより安全にするものであり、維持すべき法律であるが、イスラム教徒にとっては、「アメリカの政策は反イスラム的であり、現在のイスラム諸国政権は口先で非難するばかりでアメリカに対して自国の市民を守る力もない。したがって、その役目をアルカイダのような組織が果たさなければならない」というビン・ラディンの主張をいっそう正当化するものなのだ。『ナワイワクト』の編集責任者たちがコメントしたように、イスラム社会は入管規則に関してアメリカ合衆国に挑戦する「勇気と意志と能力を欠いている」ということになるのである。[*34]

戦時措置か人種差別か

アメリカでは法の下ですべての人間に自由が保証されているというのはワシントンの偽善である、と、ビン・ラディンは一貫して主張しつづけている。アメリカ政府がそういう権利を認めるのは白人キリスト教徒の場合だけであって、イスラム教徒はイスラム教を捨ててアメリカに従わないかぎりそのような自由を与えられることはない、という主張である。こうした文脈を与えられると、イスラム教徒はアメリカの合法的戦時措置を偽善と人種差別の証左と解釈してしまう可能性がある。たとえば、アメリカはアルカイダの電子通信を妨害する措置を取った——すなわち『アルニダー』のウェブサイトとオンラインマガジン『アルアンサール』を攻撃し、『アルジャジーラ』に対してアルカイダのビデオを放送しないよう圧力をかけた。これは、基本的な安全措置である。戦時下で敵に自由な通信を許すことは、九月一一日のテロ攻撃に軍事的即応態勢を欠いたことと同じくらい重大な怠慢だ。にもかかわらず、こうしたアメリカの措置はイスラム教徒から表現の自由を奪うものと見られ、アメリカの偽善と人種差別を非難するビン・ラディンの主張を裏付けるものと解釈されてしまう。アル・ザワヒリが述べているように、アメリカの行為は「思想の自由、表現の自由、人権、正義、平等……」を主張するアメリカの偽善を露呈するものと受け取られてしまうのだ。[*35]

ビン・ラディンの主張を後押しするような行為が、アメリカの側にも二つあった。一つは、アメリカが『アルジャジーラ』に対してビン・ラディンや副官たちのビデオを放送しないよう圧力をかけておきながら、一方で、二〇〇三年二月に米国務長官がビン・ラディンの未放映テープをアルカイダとイラクの協力関係を示す証拠として国連安保理で急遽公開した矛盾。「米政府はビン・ラディンのビデオテープに飛びついた。それまでは、コンドリーザ・ライス［国家安全保障問題担当大統領補佐官］が、ビデオをそのまま放映するのは控えてほしい、とテレビ局に懇願していた。休眠スパイに活動開始を命ずる暗号がビン・ラディンのメッセージに含まれていることを恐れたからだ……（中略）……しかし、今回、政府はビデオテープを宣伝に使った……（中略）……ブッシュ陣営は、ビン・ラディンがホワイトハウスの役に立つかぎり、暗号メッセージが含まれていようとも構わない、と考えるようになったのだろうか」と、モーリーン・ダウドが『ニューヨーク・タイムズ』に書いている。[*36] ビン・ラディンの主張を後押しする結果となったアメリカの第二の行為は、逮捕したイスラム原理主義者たちを弁護士もつけないままグアンタナモ基地のキャンプ・デルタに収容していることで、アメリカの裁判所もこれまでのところワシントンのこの決定を支持しているが、イスラム世界では、これもビン・ラディンの主張を裏付ける証拠と受けとめられている。すなわち、アメリカが誇る市民的自由はイスラム教徒には与えられず、イスラムの信仰を捨てない者には辱め――オレンジ色のジャンプスーツ、手かせ足かせ、目隠し、サイクロン・フェンスの檻――が待っている、ということだ。この点に関して、イラク国内の刑務所における米軍兵士の行状が追加した一段の成果については、いまさら言及するまでもない。

空爆ビデオのジレンマ

一九九一年の湾岸戦争以来、米軍将校――通常は米軍中央軍の将校――が戦闘地域における米軍の作戦行動について毎日ブリーフィングをおこない、それがテレビで放送されるのが通例になった。アメリカ国民はこうしたブリーフィングを心待ちにし、楽しみ、これを見るのはアメリカ国民の権利であると思っているくらいだ。ブリーフィングは、いまや、アメリカ国民が誇る透明な開かれた政府の一端なのである。ブリーフィングは、まず最初に将官（〝本日の主役〟）の説明で始まり、次に米軍機が敵の軍事拠点、生産施設、インフラなどを空爆する様子がビデオで流される。どのビデオ・クリップも、だいたい同じような構成だ――十字照準に捕捉された標的が画面に現れ、そのまま少し時間が経過し、やがて音のない大爆発が起こる。ビデオ・クリップには攻撃後のダメージをとらえた映像や犠牲者の人数などは登場しない。おそらく、クリス・ヘッジズが『戦争の甘い誘惑』で書いているとおり、「ベトナム戦争同様に、公平無私などにまったく関心のない将軍たちも、完璧に公平無私を演技しきった」ということなのだろう。[*37] わたしの考えるところでは、ビデオを見せる目的は、米軍パイロットと装備の優秀さを誇示し、まだ攻撃を受けていない敵の部隊を震えあがらせ、アメリカ国民に向かって税金が有意義に使われていることを示し、世界に向かってアメリカが犠牲者を最小限に抑えるべく慎重かつ正確を期した攻撃をおこなっている事実を証明することにあると思う。

こうした狙いは、欧米諸国の人間から見れば極めて当然だ。西側諸国では、ロバート・D・カプランが無分別な「神話」と呼んだ考え方、すなわち敵にも味方にもほとんど犠牲者を出さずに戦争をすることが可能であるという考え方が急速に広まっているのである。[*38] ところが、空爆ビデオを見たイスラム教徒は、違う受け取り方をする。というのは、逆説的であるが、ビデオ・クリップはイスラム教徒に対する暴力を表していると同時に、イスラム教徒に対する暴力が十分でないことも表しているからだ。前段の「イスラム教徒に対する暴力」に関して言うならば、米軍機がどれほど標的を正確に攻撃したとしても、イスラム教徒に死者が出ることには変わりがない。ビデオはイスラム教徒が十字軍に殺害される場面を伝えている。しかも、米政府高官が「アフガン兵士やイラク兵士の大多数は、徴兵に応じなければ自身や家族を殺す、と国家に脅されて入隊させられた若者たちである」と発言したために、事態はいっそう悪化した。後段の「暴力が不十分」という点に関しては、暴力を意思伝達の共通語とみなすイスラム世界で育ったイスラム原理主義者やその他のイスラム教徒にとって、意図的に犠牲者を少なくしようとする攻撃は、皮肉にもユリシス・S・グラント将軍とロバート・E・リー将軍が一八六四年のオーバーランド戦役で見せたタイプの残忍性を欠いている、と映るのだ。イスラム教徒から見れば、「きれいな」攻撃しかできないアメリカには連合諸国を守る勇猛さもなければ敵を壊滅させる凶暴性もなく、いくらアメリカの軍事力が強大でもあんな弱腰の攻撃には負けない、と思えてしまうのだ。「戦士たちはそのような暴力の忌避を弱さとみなして、いっそう大胆に向かってくるだろう。このような敵に対しては、われわれの倫理観――軍事行動によって生じる付随被害を恐れる気持ち――は、われわれの最大の弱点をさらすことになる」と、ロバート・カプランが

Warrior Politics（武人の政治学）に書いている。[*39] いずれの対応も、アメリカは罪のないイスラム教徒（徴集兵）を殺すことは何とも思わないが、自軍兵士の生命を危険にさらすことや、敵を殲滅することによって世界の怒りを招くことも避けたいと考えている、とするビン・ラディンの主張をますます輝かせるだけだ。

対イスラム政策を変更せよ

イスラム世界に対して手前勝手な理屈で構築した路線を歩きつづけるかぎり、アメリカは悪循環から抜け出せない。アメリカが入管規則を強化し精密爆撃を心がけるのは、自分たちを守り他人の生命を救うための対策だ。しかし、イスラム教徒の目には、人種差別、偽善、あるいは勇気の欠如と映ってしまう。アメリカが実施する自衛策や他者を守るための措置は、ことごとくイスラム教徒の対米憎悪を拡大し、対米攻撃を激化させるばかりだ。対イスラム政策が逆効果をもたらしていることを認めようとしないアメリカの頑迷さがビン・ラディンの勢力をますます強大化させているのに、アメリカの指導者やエリートにはそのことが見えていない。

第八章

将来に向けて論ずべきこと

すべてが終わったあとならば、わたしのように愚かな人間でも誤りを犯したことに気づく。しかしながら、どうやら、わたしの誤りは一度として手遅れになる前にわたしに知らされたことはないようだ。

ロバート・E・リー南軍将軍（一八六三年）[*1]

リンカーンの正義感と戦時下に交わされる正義論との違いは、リンカーンが敵だけを悪者と決めつけなかった点である。

ケント・グラム（一九九四年）[*2]

わが国の軍隊が勇敢さに欠ける点はない。が、官僚の怯懦《きょうだ》がわが国の情報機関（および軍の最高指揮レベル）を支配している。

ラルフ・ピーターズ（一九九九年）[*3]

この仕事に就いた第一日目から、情報局員はけっして政策を提案するものではない、と教えられる。情報局員は政策立案者ではない、政策は情報局員の関知するところではないのだ、と。だからといって、情報局員が政策に関して意見を持っていないというわけではない――皆、それぞれの考えはある。そのうえで、情報局員の仕事は最上の情報を明瞭、簡潔、中立な形で提供することである、と教えられるのだ。ほとんどの場合、キャリアに就いた日から中間管理職になる頃までは、情報局員は事実のみを提示し、コメントは口にしない。が、幹部レベルに近づき――党是に従う「チーム」プレーヤーになれることを証明せよ、と責められる煉獄期である――やがて幹部になると、この仕事の第一日目に与えられた教訓は影が薄くなる。すなわち、あからさまに私見を述べることはないものの、事実を完全かつ中立な形で提出しようという気持ちは薄れはじめるのである。ラルフ・ピーターズが「忠誠を偏重し、高潔な精神を軽視するようになる」――個人や職業人としての誠実さを犠牲にして組織に対する忠節を守る、という意味であろう――と書いたのは、このことだ。リー将軍がゲティスバーグで経験したように、計画や方針や攻撃の失敗をきちんと反省し、問題に通暁した人物が前もって完全な情報と率直なコメントを提出してくれていれば……と嘆く結果になるのは、ここに問題があると考える。[*4]

ＣＩＡビルの中でもリスクを嫌う幹部のいるフロア――とくに七階あたり――では、明瞭、簡潔、中立の原則は相変わらず尊重されているものの、大統領を含め政策立案者に何を知らせるかという点については、多少選択的になっていく。選択的判断の対象になるのは、アルカイダ、北朝鮮、中国等々の実質的な問題や情報機関どうしの協力状況など、政策立案者が重大な関心を抱いている事柄だ。たとえば、政策立案者が興味を示さない問題や政策立案者の怒りを招く問題（特定の政策が失敗に終わった、というような情報）は報告から除外する。あるいは、政策立案者がややこしい作戦を思いつく材料になりそうな情報も除外する。情報機関が作戦遂行に失敗して議会や政策立案者やメディアから非難を浴びるといったような醜態をさらさないためである。さらに、まだ露顕していない自分たちの組織的失策を隠しつづけるために情報を報告から除外する場合もある。たとえば、フランシス・フクヤマが、「米情報機関は一九九〇年代にビン・ラディンの脅威を過大評価する偏向があった」と述べたのはとんでもない間違いで、わたしが見た真実は正反対だった。[*5] 一九九〇年代、米情報機関は意図的にアルカイダの脅威を低く評価していた。スティーヴン・サイモンとダニエル・ベンジャミン——事態の推移を毎日直接に見てきた二人——が *The Age of Sacred Terror*（神聖なるテロリズムの時代）の中で、「CIAの対テロ担当職員たちは……（中略）……ホワイトハウスの怒りを鎮めることを自分たちの主要な役割の一つと心得ていた……（略）」と真実を書いている。脅威をできるだけ控えめに伝えようとした理由は、脅威の大きさを正直に伝えた結果ホワイトハウスからリスクの大きな——したがって失敗すれば自分たちのキャリアが終わりになる——先制攻撃を命ぜられるのを嫌ったからである。[*6]

第一部　検討のガイドライン

ロバート・E・リー将軍の軽蔑を浴びた連中の部下として、このあたりでひとつ失地回復を試みたい。わたしは二〇年以上にわたって政策進言を自重してきた人間であるから、ここで政策を提案するのではなく、ビン・ラディンとイスラム武装組織を打ち破る努力においてアメリカが検討するに値するガイドラインを示してみようと思う。このガイドラインは一個人の考えにすぎないし、わたしはこの問題について自分よりも優れた人間がたくさんいることを承知している。それでも、アメリカの指導者たちがこれまで示してきた方針に比べればまだましなガイドラインをここに提示できることは慰めである。

取り乱すな、ただの戦争ではないか

ジョン・ウィンスロップがマサチューセッツ湾植民地の提督だった時代から、アメリカは良くも悪くも大小さまざまな戦争をしてきた。にもかかわらず、二〇〇一年九月一一日以来、アメリカは国をあげて初めて戦争を体験するような騒ぎに陥っている。ここ二年というもの、われわれは連邦政府の御しがたい省庁をますます巨大で御しがたい省庁に拡大し、テロ警戒レベルを色分けで表示しながら対策に関する助言は皆無でいたずらに混乱を招き、政府高官は毎日のようにアルカイダ対策における

多大な前進を自画自賛する一方で、アルカイダは九月一一日よりも危険な存在になっている、というコメントを発表している。

これまで、われわれは混乱の醜態をさらし、かと思うと、ひどくうぬぼれた対応を取ってきた。戦争はけっして平静かつ整然として静粛に執りおこなわれる行事ではないが、かといって、些少な勝利をことさら誇張したり、漠然とした脅威をことさら軽視したりする必要もない。いつの時代にも一般のアメリカ国民はエリートより強い精神を持っているが、いまの時代はとくにそうだ。彼らは毎日手を握って励ましてもらわなくても、あるいは指導者たちから毎日ブリーフィングを聞かされなくても、途方に暮れたりはしない。国民が求めているのは、進捗を正確に把握でき、脚色や誇張なしに正直に報告される静粛で自信に満ちた戦果なのである。取り乱した態度ややたらに饒舌で大声の発言は、混乱を露呈している場合が多い。とくにワシントンではそうだ。そろそろ戦争にきちんと向き合い、沈黙の力を思い出そう。なんといっても、ビン・ラディンはわれわれを本気で震え上がらせたものの、二〇〇一年以降はほとんど言葉を発していないのだから。

感傷を捨てよ

九月一一日のテロ攻撃以来、多くのアメリカ人が毎日のようにあの日の惨劇を弔いつづけている。悲しみに沈む追悼行事、はてしなく続く悲嘆の言葉、記念碑の国際デザイン・コンテスト、大仰に滔々とまくしたてられる「けっして忘れない」スピーチの数々——これらはアメリカ国民に無残な敗北をくりかえし思い出させ、将来の苦痛を想起させるだけで、何の役にも立たない。わたしが働く組織でも、二〇〇三年の「ファミリー・デー」に、この種の敗北を覚えるための行事がおこなわれた。中央廊下には九月一一日の大惨事を追悼する聖堂が作られ、炎を吹き上げながら崩落していくツインタワーの美しい写真が飾られ、記念碑の完成予想図が額に入れて置かれ、ダイアナ妃が亡くなったときと同じように正門前に花束が積み上げられた在外公館の写真が紹介され、祭壇中央にはガラスケースにはいった世界貿易センタービルの金属とコンクリートの破片が展示されていた。これらはすべて、昔風の言い方をするならば、「男らしくない」行為だ。アメリカ人は、元来もっと断固とした強さを持っていたはずだ。あるいは、少なくとも、そうであるべきだ。ロバート・D・カプランが現下の敵について『アトランティック・マンスリー』に書いたように、「部族や殺し屋の世界では、男らしさは高く評価される」のである。*7

われわれの父祖たちは、アメリカの敗北や犠牲を静かに、簡素に、年に一度の式典で弔ったものだった。大々的に記念行事をおこなうのは、敵を全滅させ戦争が勝利に終わったときだけだった。われわれは静粛な威厳をもって死者を悼み、追悼の原因が根絶されたときにはじめてこれを祝う態度を学び直すべきであろう。敗北を喫したときには、死者を埋葬する傍らで、殺人犯を倒す決意を固め、詩編第一四四番を朗誦すべし。「主をたたえよ、わたしの岩を／わたしの手に闘うすべを／指に戦《いくさ》するすべを教えてくださる方を／……（中略）……／主よ、天を傾けて降《くだ》り／山々に触れ、これに煙を上げさせてください。／飛び交う稲妻／うなりを上げる矢を放ってください。……（略）」

これは誤解ではなく憎悪である

アメリカは、イスラム世界全体から憎悪されている。原因はアメリカ政府の政策と行為にある。アメリカに向けられている憎悪は抽象的ではなく具体的なものであり、知的ではなく軍事的なものであり、予見可能な将来にわたって増大しつづけるものである。アメリカ国内には、アメリカの政策意図がイスラム教徒に誤解されており、アラブ系衛星テレビが故意にアメリカの政策を歪めて伝えている、したがってこれは外交によって修復可能である、と主張する有力な声がある。しかし、それは間違っている。イスラム教徒は、アメリカの意図を正確に理解したという確信のもとで、アメリカを憎悪し攻撃しているのだ。彼らがそう確信するのは、ビン・ラディンの言葉があり、衛星テレビがあり、何よりも、アメリカの政策という明白な現実があるからだ。アメリカがアルカイダ率いる世界のイスラム原理主義武装勢力と戦争しているのは、アメリカの政策が原因であり、その政策に固執していることが原因なのであって、ブッシュ大統領が言うように「自由およびこの世界のあらゆる善と正義を守るため」ではない[*8]。

この点をしっかりと認識するために、ビン・ラディンがくりかえし反イスラム的と非難するアメリカの六つの政策をイスラム教徒がいかに頻繁に見聞きし、経験し、憎悪しているかを改めて知っておく必要がある。

・パレスチナ人を奴隷扱いしているイスラエルをアメリカが支持していること。
・アラビア半島にアメリカをはじめ西側諸国の軍隊が駐留していること。
・アメリカがイラクとアフガニスタンを占領していること。
・イスラム反政府武装勢力を抑圧するロシア、インド、中国をアメリカが支持していること。
・アラブ産油国に対して原油価格を低く維持するようアメリカが圧力をかけていること。
・背教的で腐敗したイスラム独裁政権をアメリカが支持していること。

殺し合いの覚悟を決めよ

前の項目にもとづいて、この指針を提案する。イスラム世界に対する政策を変えないかぎり、アメリカを防衛する方法は軍事オプション以外にないからだ。しかも、それは一九九一年以来実施してきたような上品な軍事力行使ではない。「アメリカ兵は、現代の勇猛な戦士たちが身につけている徹底的な冷酷さに立ち向かう覚悟ができていない。そして、アメリカ兵は文民である軍のトップや自らの習慣によって勇猛な戦士たちに対して有効と思われる戦法を自粛させられ、あるいは禁止されている」と、ラルフ・ピーターズが *Fighting for the Future: Will America Triumph?*（未来を賭けた戦い――アメリカは勝利するか）にいみじくも書いている。[*9] 国民の安全を確保するために、アメリカはかつてヴァージニアやジョージアの戦場で戦ったときのような、フランスや太平洋の島々で戦ったときのような、あるいは東京やドレスデンに空襲をおこなったときのような姿勢で軍事力を行使する必要があるだろう。戦果は殺害のペース、戦死者数によって測られる。しかも、その数字はベトナム戦争時のようないいかげんなものではなく、正確に足し上げられ、莫大な数字になるだろう。死者には戦闘員と同数かそれ以上の民間人が含まれることになる。敵は軍服を着ていないからだ。

敵を大量に殺害するだけでは、イスラム勢力を打ち破るのに十分ではない。敵兵の殺害と同時に、シャーマン将軍のような徹底的なインフラ破壊を実行しなくてはならない。道路、水路、橋、発電施設、農作物、肥料工場、製粉所――ありとあらゆるインフラを破壊して、敵から戦力基盤を奪わなくてはならない。さらに、国境や山岳地帯の抜け道――距離、標高、数の多さからしてアメリカ兵を使って封鎖することは不可能――を封鎖するために、地雷も大量に使用しなければならないだろう。当然、こうした作戦を実施すれば民間人にも多くの犠牲が出るし、住む家を失った難民も大量に発生する。このような残酷な作戦は賞賛されるべきものでもないし望ましいものでもないが、アメリカがイスラム世界に対して間違った政策を続けるかぎり、これ以外の選択肢はないだろう。

きれいごとを言うな

「われわれには思想信条がある。ビン・ラディンがしかけてくるのと同じ方法で戦うことはできない」「貧困、識字率の低さ、現実に対する絶望など、人々がアルカイダを支持するようになる根本原因を何とかしなければならない」「ビン・ラディンは文明社会を攻撃している。われわれは他国と協力し、国際法にのっとって対応しなければならない」「イスラムはこの戦争とはいっさい関係がない。アルカイダを支持しているのは狂信的イスラム教徒だけである」――どれもこれも空虚な言い訳、憶病者と負け犬のたわごとだ。「こちら側が残忍性を発揮したらテロリストと同じレベルに成り下がってしまう、などと警告する輩にけっして耳を傾けてはいけない」と、ラルフ・ピーターズが国民に呼びかけている。「われわれには、国民の根本倫理を傷つけることなしに情け容赦なく汚い仕事をする能力がある。それは歴史上で何度もくりかえし証明されてきたことだ」[*10]

アメリカは国家存続を賭けた戦争を続けている。領土を守るという意味ではなく、国民が自ら望むライフスタイルを選択できるかどうか、という意味だ。すでに自由で開かれた社会に陰りが見えはじめているが、おそらくこれは永久に続くものではないだろう。ビン・ラディンから攻撃を受けても、アメリカは報復攻撃を躊躇し、独善的な御託を並べ、限定的・防衛的な対応に終始し、その結果アメリカ社会が変質しはじめている――移動の自由が制限され、市民に対する警察の眼差しが厳しくなり、公共の建物や博物館の利用が不便になり、外国から来た人間やアメリカ生まれでない市民への待遇が悪くなり、ホワイトハウスは包囲攻撃でも受けているかのような情けない姿に成り下がった。選択肢は二つある。独善的な御託を並べつづけるか、それとも、自分たちのライフスタイルを守るために必要な軍事行動に打って出るか。われわれは自分たちに対して、過去の遺産に対して、将来の子孫に対して、責任を負っている。臆病の衣をまとい、国家間の礼譲や文明国の規範や高い倫理基準を唱えたところで、何も守ることはできない。そういう言葉は、自殺する国家の遺書にふさわしい。

戦死を嫌がるな

アメリカ国民は職業軍人を使って戦争をすることに慣れていないため、エリート層が考えているほどではないにしても、戦死を心配しすぎるきらいがある。兵士の生命は無駄にしてよいものではないが、兵士を死なせることを恐れるあまり国家の防衛が最適を欠くようであってはならない。国家の危急に際して勇敢なる志願兵や徴募兵が旗の下へ馳せ参じる時代は過ぎた。米軍兵士は、男女ともにプロである。彼らは自ら望んで入隊したのである。その理由——愛国心、大学の学費稼ぎ、投獄を避けるため、暴力が好きだから、外国へ行ってみたいから、競争社会からの逃避、等々——が何であれ、契約の文言は大昔から変わらない。すなわち、兵士が入隊によって望んだものを手に入れるのと引き換えに、国家は兵士を必要な場所に派遣し、兵士は必要とあらば命を投げ出すのである。米海兵隊だけがこの自明の理を常に自覚し、静粛に有能に敵を殺す仕事を遂行している。

酷な言い方だが、これが真実だ。わが国の指導者たちが職業軍人の厳粛な現実を率直に語るようになれば、アメリカ国民も判で押したように黄色いリボンを飾ったり——これ自体、アメリカがイランのイスラム原理主義者に敗北した苦い過去を思い出させる行為だ——部隊が戦闘地域に到着するかしないうちから早期帰還を求めたりするのをやめるだろう。常識から考えても、職業軍人の部隊維持にかかる莫大な費用から考えても、国家が戦争に臨む際には指導者は戦争の合間に蓄積した資本——訓練された職業軍人——を必要十分なだけ使うべきなのである。今日の米軍は、どの時代の米軍よりもプロとしての殺傷能力に優れている。この戦力をいつどのように使うかという判断を下すにあたって、第二次世界大戦時の若い徴募兵に対する際限ない神格化がもたらすノスタルジーの霧に迷ってはならない。米軍兵士は国のためだけでなく給与やその他の報酬と引き換えに危険な戦場に赴くのだ、ということを冷静に見据えたうえで判断を下すべきである。

自分の尻は自分で拭け

ほとんどの人間は、若いうちにこの教訓を学ぶ。アメリカも早い時期に学んだはずだが、忘れてしまったらしい。国連決議、連合の構築、多国籍軍——これらは、アメリカが流す血と金をできるだけ少なくしようという考え方だ。二〇〇三年のリベリア介入のようにアメリカの国益にとって枢要でない問題に関してならば、このような工夫もよいだろう。しかし、アメリカの最も重要な国益を守ろうとする場合には、こんなことをしていては対応が遅れ、連合諸国からのややこしい要請によってアメリカの武力行使が制限され、問題は半分しか解決せず、戦争は半分しか終わらない。要するに、他の国々はアメリカの汚い仕事を肩代わりしてはくれないし、アメリカが汚い仕事を完璧に実行しようとしても横ヤリを入れてくる、ということだ。

アメリカは自国に代わって困難で血なまぐさい仕事をしてくれる国を探し求めたあげくに現実を読み違え、仕事をしない（あるいはできない）相手を相棒に選んでしまった。アフガン戦争が、その最たる例だ。二〇〇一年末、アフガニスタン国内の対米協力者たちは、ビン・ラディンやムッラー・オマルを含めて大半のイスラム戦士を国外へ逃亡させてしまった。アメリカが自国の兵士を危険にさらしたくないあまり、勝利を確定するのに必要十分な規模の部隊を派遣せず、愚かにもアフガニスタンの協力者たちに仕事を代行させた結果である。部族社会の慣習とおきて、イスラムの教義、アフガン人の排外主義などが同盟関係の足を引っぱったのだ。戦争を始める時点で、こうなることはわかっていたはずだ。あるいは、わかっているべきだった。しかし、われわれは現実を無視し、アフガン人が実行するはずのないことを金の力で実行させようとした。その後、アメリカはパキスタンの協力を取りつけ、敵が逃げ込んだアフガン・パキスタン国境での汚れ仕事をパキスタン軍にやらせようとした。米兵の戦死を避けるため、今度は妄想にすがったのである。イスラマバードの命令は確かにパシュトゥン族が支配する国境地帯まで届くが、その地域でパキスタン軍が軍事行動を起こせば、強力なパシュトゥン族を怒らせてしまう。彼らがパキスタン中央政府を許容しているのは、中央政府から金を受け取る以外に干渉されずにすんでいるからだ。国境地帯でパキスタン軍が実効性のある軍事行動に出れば、内戦に発展するおそれがある。そうなれば、パキスタンはインドとの力関係において非常に不利になる。というわけで、アメリカは妄想を頼みにしたあげく、敵を打倒する手を何一つ打たなかった。パキスタンは適当な返事をし、アメリカから武器と資金を受け取って、形ばかりの軍事行動を実施して多少の犠牲者を出すだろうが、五〇年来続いてきた山岳部族との協定を壊すようなことはしないだろう。こんなところで本気の軍事作戦を実施すれば、重大な国益を危険にさらすことになり、内戦でパキスタンの存続が危うくなるか、隙をうかがうインドに攻め込まれるか、あるいは両方の結果を招くおそれさえある。アフガニスタンにおける汚れ仕事を他国にやらせようとしたために、アメリカは自国の安全保障を損なうことになった。この教訓は、おそらく世界中の国にあてはまるものだろう。

情報を真剣に活用せよ

軍隊も情報機関も役人もこれまでにないほど教育レベルが高いのに、アメリカはアフガニスタンとイラクの戦争に失敗した。自分たちが持っている知識を活用しなかったからだ。アフガン戦争では、一九七九年から一九九二年までの経験から何一つ学ばないまま作戦行動に出て、対ソ聖戦《ジハード》を戦った若手指導者たちの力を軽視した。彼らはいわゆる「浮動票」だったのだが、いまではタリバンやアルカイダと手を結んでしまい、アフガン暫定政権に敵対する勢力となっている。アメリカはアフガン暫定政権の大統領に洗練された穏当な人物を選んだが、この人物には支持者がおらず、いまだに命がつながっているのは彼が「西側好みのアフガン人」で外国から援助金を集める才に長けているからだ。アメリカはアフガニスタンの国境封鎖も実施せず、どのような根拠があったのか知らないが、アフガニスタンの近隣諸国は非宗教的で安定した親欧米のカブール政権を樹立するというアメリカの目標に賛同している、と強弁しつづけてきた。イラク戦争においては、アメリカはこの国がアラビア半島に次いでイスラム第二の聖地を持つ国であることを見落とし、ここにアメリカが侵攻して占領すればビン・ラディンの思うツボにはまるということに気づかなかった。その結果、聖戦《ジハード》を呼びかける多数のファトワー（イスラム法学者による見解）に応じて、イスラム世界全体から多大な数の反米戦士たちがイラクに集まった。アメリカは、また、自国が目標とする世俗的・民主的イラク政権の樹立に賛同する国がイラク近隣には一つもないことに気づかず、サダム・フセインが倒れれば必然的に「イラクのシーア派勢力およびイラン」対「イラクのスンニ派勢力および周辺のスンニ派諸国」という宗派対立の図式が生まれ、それらすべてが反米に転じる、という展開も読めなかった。しかも、アメリカはイラクの国境も封鎖しなかった。

アメリカが現実を無視して進んでしまったのは、アメリカ政府の対外政策担当省庁が専門家や経験的知識を低く評価し、おそらくは軽蔑さえしていることに原因がある。弾道ミサイルや武器の設計や衛星画像など技術的な分野は別として、一つのテーマ（たとえばイスラム）や一つの地域（たとえば南アジア）や一つの問題（たとえば反政府武装勢力）に長期間かかわっている人間は能力がないとみなされてしまう風潮があるのだ。とりわけ情報機関においては、専門分野に通暁することは出世の妨げになる。出世頭は「ゼネラリスト」すなわちヨーロッパから東アジアへ、軍縮から麻薬へ、二年ごとに異動をくりかえす人間だ。広範な問題に通じ、専門分野を一つも持たないゼネラリスト（ほとんどが男性）は、出世コースを走り抜けて上級幹部になる。この口数ばかり多くて無知な連中は、上の地位に登ると自分と同類の人間を部下に任命し、専門分野に頭を突っ込んでキャリアを「無駄にしている」局員たちと組織トップとのあいだに分厚い壁を作ってしまう。情報機関のトップは、身なりが良くて弁舌さわやかで政治的感度に優れた出世組に近づき、偏屈者だが直観力に優れ現実的な専門家たちの意見には耳を傾けなくなる。このようにして、アメリカはイラクとアフガニスタンの大失敗に至ったのである。これを疑うならば、アフガン戦争前の意思決定会議で閣僚らがいかに陳腐な議論を展開していたか、ボブ・ウッドワードの本を読んでみるといい。『ブッシュの戦争』には、イスラム教がビン・ラディンやタリバンの動機、イデオロギー、戦争目的、戦略などにどのような影響を及ぼすかについて、閣僚らが検討した形跡など一つも書かれていない。実際、巻末の索引を見ると、イスラム関係の言葉は「イスラマバード」「イスラム原理主義」「イスラム運動（ウズベキスタン）」程度しか出ていない。反対に、捜索救難機の配備が完了するまで攻撃を遅らせる――その結果アルカイダを逃走させてしまった――話し合いについては、引用が一五件もある。無意識であろうが、ウッドワードは、国家に損害を及ぼす秘密情報を大量に漏洩して本の執筆に協力してくれた人々が大統領の役に立っていなかったことを証明してみせた形になる。

ビン・ラディンをテロリスト扱いするな

こう書くと、大半のアメリカ国民から「とんでもない」と反論や罵倒が飛んでくるだろう。しかし、これは受けいれるしかない。アルカイダの攻撃は残虐だが、戦争とはそういうものだ。ビン・ラディンは世界規模の反米武装闘争を主導し、煽動している。ビン・ラディンは戦争をしかけてきているのだ。それなのに、アメリカは法執行活動を重視したテロ対策で応戦しようとしている。これまでも、これからも、このやり方ではダメだ。アメリカは一九七五年から一九九七年にかけて、おもに情報機関を使ってテロと戦ってきた。そして、アルカイダに対しても同じように秘密工作員がこれまでの対テロ作戦をはるかに上回る成果をあげてきた。しかし、アルカイダは依然としてアメリカ本土を大量破壊兵器で攻撃する力を持っている。アルカイダとの戦いは、つまり戦争なのだ。情報機関だけで対処できる対テロ作戦ではない。ビン・ラディン、アルカイダ、および彼らの同盟勢力に勝利しようと思うならば、アメリカは持てるすべての戦力――軍、情報機関、政治、外交、経済――を動員する必要がある。それも、一九九五年以来の口先だけの協力関係でなく、各機関が実質的な協力体制を構築することが必要だ。アメリカが直面している敵は、伝統的な国民国家よりも危険な相手だ。なぜなら、彼らは国民国家と同等の目標や資力を持ち、一三億人の動員力を持ち、敵から攻撃目標とされる固定の拠点を持たず、戦闘で死ねば天国へ行けるという教えを信じて向かってくるからだ。

ビン・ラディンとアルカイダを「テロリスト」と見る誤った認識に固執しつづけてきたのは、自らは安全な立場に身を置き、豊富な資金を持ち、考え方の硬直化した米テロ対策コミュニティの連中だ。テロ対策コミュニティは、テロ支援国家とおよびその手先であるテロ集団――イラン、イラク、シリア、リビア、およびレバノンのヒズボラのような集団――と戦うために関連する情報機関を統合して作られた。テロ対策コミュニティは大規模で高価な失敗を犯したが、あいかわらず多額の資金と多大な人員を擁しながら、「国家の安全保障に対する脅威」ではなく「人命を標的にした不法行為」を活動対象と誤認している。政治家と官僚は、リビアのように民間機を墜落させたり、イランや「ヒズボラ」のようにアメリカ大使館を破壊したり、といった戦争行為をおこなう組織や国家に対して本来実施すべき軍事攻撃を回避するために、テロ対策コミュニティを作ったのである。米軍の力で悪党をたたきつぶして決着をつける──簡単なことだ、敵の居場所がわかっているのだから──代わりに、ワシントンが選んだのは、相変わらずの手ぬるいテロ対策だった。はてしなく続く外交ルートからの申し入れ、追跡し裁判にかけ服役させるという脅し、命賭けの情報収集、そのくせ少しでも危険をともなう対テロ作戦はほとんど例外なく却下。アメリカが実施しているテロ対策は、なまぬるい妥協でしかない。敵に攻撃と存続のチャンスを与え、連合諸国の機嫌を取り結ぶために軍事力の行使を先延ばしし、本当のテロリスト国家であるスンニ派のペルシア湾岸諸国を世界の原油の大半を握っているという理由で黙認しつづけている。テロ国家とその手先どもを取り逃がした責任は、傲慢で、リスクを嫌い、法的措置しか考えつかないテロ対策コミュニティにある。そして、テロ対策コミュニティは、アルカイダをたたくのに必要な戦略の妨げになっている。

エネルギー自給に努力せよ

三〇年の遅きに失した観はあるが、アメリカおよび連合諸国はエネルギー自給をめざして国内油田を開発し、代替エネルギー源の開発・利用を急ぐ必要がある。環境、植物、経済、動物に関する配慮は、当面のあいだ棚上げするしかない。これは国家安全保障にとって喫緊の課題であり、将来予測される資源枯渇に備えての対策ではないのだ。エネルギーが自給できるようになれば、アメリカは地球上でも指折りの腐敗・独裁・抑圧体制を敷いているペルシア湾岸諸国──とくにサウジアラビア──

と手を切ることができる。これらの国の国民は、自分たちを苦しめる政権が存続できているのはアメリカの庇護があるからだ、と考えている。アメリカはこれらの政権とは何ら共通点はなく、関係はもっぱら安い原油でつながっている。このつながりを断てば、イスラム世界がアメリカを憎悪する根拠が一つ減り、欧米に支えられて力を保っている時代錯誤の独裁政権もいずれ消えていくだろう。

エネルギー自給をめざせば、アメリカは中東に対するエネルギー依存に終止符を打ち、アメリカの伝統と民主主義に逆行する政権とのつながりを断つことができるだけでなく、根本的な反米政権の終焉を早めることもできる。サウジアラビアをはじめとするペルシア湾岸諸国――ビン・ラディンではなくて――こそは、歴史家マリーズ・リズンらが真の帝国主義的イスラム拡張主義国家と呼ぶ国々で、イスラム原理主義をマドリードからマニラへ、さらにそれ以遠へ広めようとしている。[*11] これらの政権は、リヤドを先頭に、何十年も前から「代々の臣民に対して非イスラム教徒に対する聖戦《ジハード》を煽動するに等しい訓育を続けてきた」[*12]。また、これらの政権は世界各国および米国内において、強硬な反米イスラム主義を標榜する団体に組織的に資金と人材を提供している。ビン・ラディンの場合はアメリカの攻撃からイスラム世界を守るために戦うと主張しているが、サウジアラビア、クウェート、アラブ首長国連邦などペルシア湾岸諸国の支配者たちは、イスラム教国でないという理由でアメリカを憎悪し、あるいはアメリカの議会制民主主義が自国民に反抗心を芽生えさせ独裁的支配と石油の富を私的に浪費する特権を脅かすという理由でアメリカを憎悪している。行為でなく在り方ゆえにアメリカを憎悪しているのは、ウサマ・ビン・ラディンではなく、湾岸諸国の王族たちなのである。湾岸の石油に対する依存を捨てれば、欧米諸国はペルシア湾岸諸国に適切に対処できる――すなわち、アメリカの国益と存続に敵対する政権として相応な対処ができるようになる。

軍と情報機関の利己主義を封じよ

前に指摘したように、軍や情報機関の幹部は、政治指導者の計画が国に害をもたらすおそれがあるとわかっている場合でも、異論を口にしたり、まして批判したりすることはしない。ほとんど戦死者を出さずに戦争に勝つことができるという考えを否定しなかった例が、言語道断な愚論さえ黙認してしまう彼らの体質をよく物語っている。改めて言うが、わたしは彼らが在職中に政策判断を公に批判すべきだと主張するものではない。憲法に照らしても、政治的伝統からしても、それは許されない。それでも、軍や情報機関の幹部と一緒に仕事をした経験から言うと、組織内の討論においても、失敗が目に見えている政策に対して強く反対する人間は非常に少ない。対外的にアメリカの力を弱め、国内の不和を招き、最終的に不当に多くの人命と尊敬と資金を犠牲にする結果を招いた一連の政策に対して、抗議の辞任をした幹部は一人もいなかった。

望ましくない結果を招くことがわかっているのに、そうした政策を幹部が黙認するのは、利己主義が原因だとわたしは考える。退職を前にしてよく聞く言葉は、かつては「さあ、これからはリラックスして好きなようにやれるぞ」だったが、いまでは「さあ、これでやっと金儲けができるぞ」に変わった。軍の将官や情報機関の幹部は比較的若い年齢で引退してそのまま民間に天下りし、短い勤務時間で高給を取り、公務員時代には考えられなかったような特典に恵まれた新生活を始める。現在では昔ほど長く勤めなくても公務員生活の先に金貨の詰まった袋が見えているため、在任中に政策に厳しく文句をつけて退職後の天下り先（政府の下請け企業）を失うのも馬鹿馬鹿しい、という考え方が支配的になっている。こうして、軍や情報機関の幹部は退職してすぐに国防産業の恵まれた地位に就き、出身組織の後輩を相手にライフルから軍服からF16戦闘機まであらゆるものを売りまくるのである。あるいは、国防産業の業界やイスラエルの代弁者としてロビー活動をおこなう企業に天下りする者もいるし、国防省と有利なコンサルティング契約を結ぶ者もいる。「自己利益最優先で口のうまいMBAタイプは、ペンタゴンから大企業に天下りして結構ずくめの余生を送る……（中略）……われわれがベトナムで負けたのは、こういうタイプが兵士の人数を上回る状況になったからで、それ以来、ハリウッドが顔負けするほど立ち回りのうまい立身出世主義者を次々に昇進させる不健康な制度のおかげで、事態は悪化の一途をたどっている――そうやって出世した者が自分と同じような腐敗したタイプを後釜に据える、という悪循環である」と、ハックワース大佐が書いている。[*13] 情報機関の幹部も、気が滅入るほど人材不足の情報機関に高給取りの人材を派遣する企業に天下りし、金にまみれた第二の人生を送る。最もあきれるのは、議会の監視委員会で働いている情報機関の元幹部だ。彼らは高額の報酬を受け取りながら、自分たちの任期内に生じた問題や先送りした問題が表面化しないように監視しているのである。あるいは、外国政府、とくにアメリカの「友好国」スーダンやサウジアラビアの「顧問」となって高給を取る人間もいる。

公務員が高給目当てに民間企業に天下りするシステムを放置すれば、無知で無分別な政策がはびこるのは当然であり、そろそろ対策が必要だ。たとえば、軍の将官や情報機関の幹部に引退後の天下りを禁止し、代わりに三〇年以上勤務した者には給与の満額を年金として支給するシステムを作って、在職中および退職後に存分に意見が言える環境を作るべきだろう。費用はかかるが、それによって幹部が無意味な政策に対して声を上げるようになってくれれば、出費に見合うだけの成果は得られる。そうでもしないかぎり、アメリカにはいつまで待ってもハックワース大佐が「真実を語る者たち」と呼ぶ人材は現れないだろう（ハックワース大佐は軍に関してコメントしているが、彼の言葉は情報機関にもそっくりあてはまる）。

彼ら「真実を語る者たち」は、アメリカ軍にどのような作戦遂行能力があるか、アフガニスタンやイラクのような場所へ飛び込んで行けばどのような結果になるか、泥沼化しつつある介入を続ければ国際テロからアメリカを守る能力がいかに阻害されるかについて、大統領以下すべての文民に対して自信をもって自分の意見を述べ、一歩も引かない[*14]。

これはイスラムとの戦争である

アメリカの指導者はアメリカがイスラムと戦争をしていると認めたがらないが、イスラムの国のいくつかはアメリカと戦争をしており、新たに参戦する気配を見せている国もある。ビン・ラディンは二〇〇一年末に、「戦争は基本的に宗教がらみである。いかなる状況にあろうとも、われわれと異教徒とのあいだに存在する敵意を忘れてはならない。なぜならば、敵意は宗教的信条にもとづくものだからだ」と述べている。[*15] 戦争の原因は具体的な政策――本書で詳細に叙述した――であり、わが国の指導者が主張するように一部の狂信的イスラム教徒が民主主義や自由を憎悪しているからではない。こうした主張はイスラム勢力に「自由に向かって爆弾を投げる狂人」というイメージを与えて卑下しようとするものだ。が、そのようにして彼らの知力と忍耐力と信仰に裏付けられた強さを過小評価した結果、アメリカは自らの反撃能力を削いでしまった。アメリカは非常に優れた耐久力、動員力、資力を持った敵と戦争をしているのだ、という事実を否認した結果、われわれが達成したのは戦略構想の遅れだけだ。今日、イスラム世界の大半がアメリカに敵対しており、その勢力は増大しつつある――ただこれだけの単純な事実を述べただけで「差別的」とそしりを受ける国は、アメリカぐらいのものだ。こうした決めつけは、思考や議論の息の根を止め、最終的にはアメリカ国民の息の根を止めることになる。しかし、これが現実だ。アメリカの指導者たちは手前勝手に描いた敵に向かって戦いの準備をし、実際に戦場に立っている敵の実像を見ようとしない。

イスラムと戦争するとは、どういうことか？　それは互いの存亡をかけた徹底的な殺し合いであり、従来よりはるかに真剣に受けとめる必要がある。戦争をしかけられたのは、イスラム世界におけるアメリカの国家としての行為が原因だ。ビン・ラディンの一九九六年の宣戦布告は、戦争をしかける原因となったアメリカの行為を具体的に指摘している。ビン・ラディンの宣戦布告は偏向のない事実を述べたもので、トーマス・ジェファソンの独立宣言に通じる部分さえある。主権国家として、アメリカ合衆国にはイスラム世界における自国の政策および行動を決定し実施する自由がある。それは国民が選んだ指導者たちが国益に適うよう構想し、国民が選んだ議員たちが承認して予算を付け、大統領選挙や上下院選挙を通じてくりかえし承認されてきたものだ。イスラムが戦争をしかける原因となった政策についてアメリカに責任があるのは自明であり、こうした政策がアメリカ国民を宗教戦争にまきこんだのである。それでは、イスラムと戦争するとは、どういうことなのだろう？　第一に、われわれは現実を受け容れ、それに応じて行動する必要がある、ということ。第二に、イスラム世界におけるアメリカの現政策は、予見できる将来にわたって戦争の激化を招き、われわれが想像しているよりはるかに金のかかる戦争となる可能性が大きいこと。第三に、われわれは長いあいだ放置してきた問題――イスラエルへの支援、エネルギーの自給、アメリカ式民主主義を世界に適用しようとすることの是非――を公的に議論する必要があり、それは痛烈で辛辣な議論を呼ぶと予想されること。この議論の行方如何によって、アメリカ的ライフスタイルが存続できるか、それとも見る影もなく衰退してしまうかが決まる。

他人の戦争に口出しするな

ややこしい同盟関係にまきこまれることの危険について警告したジョージ・ワシントンの言葉や、民主主義の大義のもとに自らが理解できない怪物を退治しようと国外へ出かけていくことを戒めたジョン・クインシー・アダムズの言葉は、一般的に、戦後におけるアメリカの最も嫌悪すべき主義――孤立主義――の真髄とみなされる。が、それは間違っている。ワシントンもアダムズも常識を心得た思慮深い人物であり、二人ともアメリカの経済発展は国内産業と農業だけで達成できるものではなく世界との交易によって可能になるものだということを理解していた。二人とも外国との交流を否定したことはなかった――そのような馬鹿げた考えを思いついたのはジェファソンである。ワシントンとクインシー・アダムズが警告したのは、不要な介入と軍事行動である。二人とも、ビジネス、外交、貿易、教育、科学、金融等々の分野においてアメリカが国外で活動することは是としていた。ワシントンとアダムズが戒めたのは、アメリカが海外で何らかのかかわりを持つ場合には最終的に自国の利益になるケースでなくてはならない、という点であり、二人は現実的で非楽観的な視点にもとづいて、「自国の利益」とは抑圧された国民に民主主義を恵んでやるというような自己満足ではなく、物質的・政治的な利益でなければならない、と定義した。建国の父たちにとって――悪名高いジェファソンにとっても――人生とはゼロサム・ゲームであり、要するにアメリカは利益の見込めない関係にまきこまれるべきではない、自国が理解できない状況に首を突っ込むべきではない、そして何より他人の戦争に口を出すべきではない、と警告したのである。彼らはアメリカの利益を最優先に考えるべし、と戒めたのであり、アメリカの孤立を唱えたのではない。そして、アメリカの誇る民主主義を広めようとするならば、模範を示すべきであって、強制によるべきではない、と戒めたのである。ワシントンとアダムズの教えはアメリカを導く指針であったが、戦後、アメリカのエリート層はしだいに他国に対する責任を自国に対する責任より重視するようになっていった。さらに、アメリカを最優先に考えるのは罪深く恥ずべきことであって、自国の民主主義を高めるために時間と資力を費やすより諸外国に無理にでも民主主義をたたきこむほうが崇高なのである、と信じるに至った。

本書を執筆しているあいだに読んだ本の中で最も優れた著書は、ラルフ・ピーターズの *Fighting for the Future: Will America Triumph?*（未来を賭けた戦い——アメリカは勝利するか）であったと思う。この本でピーターズが提案した内容は、わたしを驚かせ、記憶に焼きつき、勇気づけてくれた。ピーターズは、「われわれアメリカ国民は、自分たちが何の責任も負っていない人々を救おうなどという途方もない企てを抱いてはならない。狂信的愛国主義や原理主義に対処する場合、われわれは自分に飛び火するおそれがないかぎり、炎が燃えるに任せておくべきなのだ。必要とされず感謝もされないような理由で同国人を死なせたくなければ、他者が死んでいくのを冷静沈着に見守る覚悟を身につける必要がある」と書いている。[*16] まことにそのとおりで、ピーターズはワシントンとアダムズの指針を余すところなく現代に移したというべきだろう。アメリカの官僚、学者、政治家、知識人の中で、宗派と部族がからみ合うイラク政界で何が起こっているのか、きちんと理解していると言える人がいるだろうか？　アフガニスタンの部族・民族抗争の中で、あるいは部族と宗教と民族が複雑に入り組んだバルカン、ルワンダ、リベリア、コンゴの政界で、何が進行中なのか、きちんと把握できている人がいるだろうか？　イスラエルとパレスチナを仲介して「正義の和平」を実現するというワシントンの主張が三〇年来単純にくりかえされてきただけのお題目でないと、心から信じている人がいるだろうか？　イスラム教の基本的要素を説明し、それが国際問題に及ぼすインパクトについて解説できる人がいるだろうか？　さらに言うならば、フツ族とツチ族が最後の一人まで殺しあったとして、パレスチナ人とイスラエル人が最後の一人まで殺しあったとして、あるいはセルビア人とクロアチア人とボスニア人が互いを皆殺しにしあったとして、それがアメリカの安全保障に何か実質的な――情緒的ではなく――違いをもたらすと言えるのだろうか？　残酷だが正確な答えを言おう。われわれは、これらの紛争を理解していない。そして、どの紛争で誰が勝とうと、アメリカの国益に危険が及ぶことはない。どの紛争も同情を呼ぶし感情を揺り動かすものの、この世界はもともと残酷なものであり、自国の問題を解決し防衛するのはそれぞれの国の義務なのである。

アメリカも、自国の繁栄と存続を考えるならば、「他者が死んでいくのを冷静沈着に見守り」「炎が燃えるに任せて」おいたうえで、貿易、知識の共有、食糧医療援助などの交流に絞って救いの手を差し伸べるべきなのだ。国益が本当に危険にさらされていないかぎり、アメリカは自国以外のことにかかわってはならないし、自国の存続のためにやむを得ない場合に限って戦争に踏み切り、戦争を始めたからには敵を全滅させるべく徹底的に戦わなければならない。われわれは自治を完璧に近づけるために努力を傾注し、自国民に平等を保証することによって海外に民主主義の範を垂れるべきなのである。われわれは他国の怪物どうしが死闘をくりひろげていても断固としてこれにかかわらず、アメリカの人命、財産、自尊心を無駄な目的に費やしてはならない。

第二部　いますぐ議論を

ガイドラインについてはいますぐ議論する必要がある。というのは、ほとんどの点でアメリカは二〇〇一年九月一〇日とあまり変わらない状態にあるからだ。メディアが正しいとすれば、米情報機関のトップは議会とホワイトハウスに対して何ヶ月も前からアルカイダの大規模な攻撃があると警告していたことになる。実際に攻撃が起こったとき、われわれはそれを止められなかったし――不可能なことに注目が集まりすぎている――まったくの不意打ちで反撃もできなかった（これも指摘を免れているスキャンダルだ）。しかも、後者はアメリカの行政、外交、学術、およびメディアのエリートに対する痛烈な告発でもある。彼らは東アフリカと駆逐艦「コール」の爆破テロ事件が起こったあと、さんざん好戦的な言葉を吐いておきながら、ビン・ラディンの脅威を一度も真剣に受けとめなかった。

九月一一日のテロ攻撃後、公式発表が真実だとするならば、アメリカはアルカイダ幹部に致命的な打撃を与え、アルカイダの歩兵三〇〇〇人を捕虜にしたことになっている。アメリカはアフガニスタンとイラクの戦争を中途半端に続けて失敗し、それによって両国の激しい反米感情を招き、アルカイダおよび類似の集団が勢力を拡大しやすい素地を作ってしまった。アメリカはイエメン、東アフリカ、フィリピン、コーカサスにも軍隊を派遣したが、それぞれの地域のイスラム原理主義武装勢力にインパクトを与えるには部隊の規模が小さすぎ、反面、抑圧的政権と戦うイスラム教徒に対して決まってアメリカ軍が介入することを印象づけるには十分な派遣規模であった。さらに悪いことに、アメリカはチェチェン、新疆、カシミールにおけるロシア、中国、インドの「対テロ戦争」を公式に支持してきた。いずれのケースにおいても、アメリカは、独立を求め、あるいは残虐行為に抵抗して戦っているイスラム原理主義勢力の絶滅をめざす政権側に与している。われわれがこうしたジレンマに陥ったのは、アメリカのエリートが、イスラム教徒による暴力はテロリズムであり、イスラム戦士は自由の戦士にはほど遠い、と執拗に主張してきたからだ。要するに、アメリカは進退きわまっている。

とはいえ、自業自得の泥沼の中で、アメリカはいま、われわれの世代が生きているあいだには二度とないほどの大きなチャンスを与えられているとも言える。冷戦終結以来――おそらく一九四五年以来――初めて、アメリカ国民は自国とイスラム世界との関係について決定的な選択をしなくてはならない場面を迎えた。言葉と思想の力を再認識させてくれたこと以外にビン・ラディンがアメリカに何か恩恵を施したとすれば、それは、彼がわれわれをこういう立場に追い込んでくれたということだ。しかも、知略に長けたビン・ラディンらしく、アメリカがここで選択を避ければ――すなわち現政策を維持するならば――戦争を長引かせる選択をしたのと同じ結果になるような状況を仕組んでいる。アメリカは現在の政策を固持したままイスラムの対米憎悪の原因は自分たちではないと主張しつづけるか、あるいは、自国が直面する現実や打破すべき脅威について検討と議論を重ねてアメリカの国益に適う政策を考案するか、どちらかを選ばなくてはならない。

ここで強調しておきたいのは、これは戦争か平和かの選択ではない、ということだ。アメリカは避けられない戦争にまきこまれている。そして、少なくとも当面のあいだ、アメリカがどのような手を打とうと、この戦争はさらに残酷な様相を強めるだろう。われわれに与えられた選択肢は、現在の政策をそのまま続けてアメリカの金と血をもっと大量に流すか、それとも新しい政策を打ち出して将来的に金と血の流失を減らすか、二つに一つである。話し合いや交渉でこの泥沼から抜け出すことはできない。敵は三〇年も聞きつづけたあげく、イスラム教徒に公正を約束するアメリカの言葉は嘘であると確信するに至ったのだ。要するに、敵は戦争をしたいのであって、聞く耳は持たない。聞く必要もないのだ、勝っているのだから。われわれには、戦う以外の選択肢はない。残されているのは、戦いの期間と費用を左右する政策の選択だけだ。

これまで本書の中で、ビン・ラディン、イスラム教、イスラム原理主義武装勢力、アフガニスタンなど、わたし自身が多少の知識と経験を持っている範囲に沿って話を進めてきた。本章でもこの方針は変わらないが、読者のお許しをいただけるなら、情報機関の職員として、また歴史の学徒として、アメリカの経験や伝統的国益からあまりにもかけ離れていると思われる政策や活動について、少しばかりコメントしたいと思う。プロとして、また教育者として経験してきた範囲から踏み出す勇気――わたしの場合は愚かさと呼ぶべきかもしれない――を得たのは、いくつかの本や論文を読んで刺激を受け、世界におけるアメリカの役割や国際社会に対する責任、それに何より自国に対する責任について考えさせられたからだ。これからわたしが引用する本、本書の読者諸氏にもお勧めしたい本は、ロバート・D・カプランの *Warrior Politics: Why Leadership Demands a Pagan Ethos*（武人の政治学――

――なぜ指導者は異教徒のエートスを必要とするのか）（二〇〇二年）、ケント・グラムの*Gettysburg: A Meditation on War and Values*（ゲティスバーグ――戦争と価値観に関する黙想）、ラルフ・ピータースの*Fighting for the Future: Will America Triumph?*（未来を賭けた戦い――アメリカは勝利するか）（一九九九年）と*Beyond Terror: Strategy in a Changing World*（テロリズムを超えて――変貌する世界における戦略）（二〇〇二年）、バーナード・ルイスの『聖戦と聖ならざるテロリズム』（二〇〇三年）、退役米軍大佐デイヴィッド・H・ハックワースのメディア・コメンタリー、『ポリティカル・サイエンス・クォータリー』誌二〇〇二年春号に掲載されたリチャード・ベッツのすばらしい評論「アメリカ優位の弱点――テロの戦術的優位」、ジュニーヴ・アブドーの著書および記事、スティーヴン・ビドルの*Afghanistan and the Future of Warfare*（アフガニスタンと戦争の行方）（二〇〇二年）。

わたしはこれらの人々が書いたことすべてに同感するわけではないし、彼らもまたわたしが本書に書いたことすべてに同感はしないだろう。しかし、彼らの分析には説得力があり、先学の遺産に自分たちの経験や批判を加えた議論には非常に価値がある。それは読者を知的刺激で満たし、自分の頭で考える決意を促し、その結論を世に問う勇気を与えてくれる。これから書くのは、右に名を挙げたメジャーリーガーたちに倣って私見を世に問うマイナーリーガーの野心的な試みである。

ビン・ラディンの真価を認めよ

悪漢ビン・ラディン、大量殺人鬼ビン・ラディン、性的倒錯者ビン・ラディン、サイコパス・ビン・ラディン、操り人形ビン・ラディン、物好きで道楽者のテロリスト・ビン・ラディン――もう十分だ、こんな議論はやめよう。これらの形容詞を裏付ける情報には今後も注意を払うとして、実際に確証が得られるまでは、次のような共通認識から出発すべきだ――アメリカが戦っている敵は、優れた才能と不屈の気概を持ち、カリスマ性と断固たる決意を備え、その垂範と指導力によって一部の狂信的イスラム教徒のみならず大多数のイスラム教徒を統率してアメリカの安全保障を脅かしている。こうした判断に立ってこそ、われわれは責任ある大人の議論ができ、脅威を正確に測ることができ、九月一一日のテロは一回限りの出来事だという思い込みを捨てることができる。そこではじめて、われわれはビン・ラディンに象徴される脅威におびえながら生きるのか、それとも脅威を排除するのか、理性的な決断を下すことができる。「敵をしっかり見ようとしない者に、国家を率いて戦争する資格はない」と、マーク・ヘルプリンが『ウォールストリート・ジャーナル』に書いている。「イスラム世界にとって、信仰を防衛する戦争は初めてではない。目下のところ、イスラム世界は拡大のエネルギーを新たにして、西側との衝突を再燃させようとする内部勢力を生み出している」[*17]。ヘルプリンの主張は、ビン・ラディン率いるイスラム拡張主義というくだりについては間違っているが、アルカイダの首領は確かにアメリカに対して防衛戦争を挑む「内部勢力」の一人である。とにかく、否定できる証拠が出てくるまでは、ビン・ラディンは衆目が認めるままの存在――侮りがたい危険な敵――であると認めよう。シャーロック・ホームズが他のあらゆる可能性を排除したあとでワトソン博士に語っているように、「いかに信じがたくとも、とにかく残ったものが真実に違いない」のである。

議論のタブーを捨てよ

アルカイダに関してアメリカが抱えている問題は、単なる「ビン・ラディン問題」ではなく、正直に言うならば、イスラム問題である。これは、現実を素直に受けとめただけの発言だ。表向きにも裏向きにも、世界の主要な宗教の一つを侮辱する意図はない。実際、西側の歴史にも、キリスト教徒が自らの信仰を否認したり放棄したりすることを拒み、そのために戦い、命を落とし、あるいは火刑を選んだ時期があった。「キリスト教の歴史は、平和を愛する者が挑戦を受けたと認識したときにどれほど獰猛な反応を示しうるかということを証言している」と、ケネス・ミノーグが『ナショナル・インタレスト』誌で指摘している。[*18] わたし自身はカトリック教徒だが、カトリックの聖人のうち何人かは、教皇ウルバヌス二世が呼びかけた「ローマ版ジハード」で勇猛に戦った人たちだ。たとえば、ジェイムズ・レストン二世の著書によると、中世のテンプル騎士団は「聖ベルナール・ド・クレルヴォーから霊感を得て創設された。聖ベルナールは、『キリストのために殺すことは悪殺しであって人殺しではない』『異教徒を殺すことは栄光を勝ち取ることである。なぜならば、それはキリストに栄光を捧げることになるからだ』と宣言した」という。[*19] 要するに、イスラム教徒にはイスラム教徒の信仰があり、今日、ビン・ラディンやアルカイダやタリバンにとどまらず何億というイスラム教徒が共通して抱いている確信は、アメリカ率いる西側諸国の十字軍が自分たちの宗教を攻撃しており、アッラーの神と預言者ムハンマドが命じたように一人一人のイスラム教徒が命を賭けて防衛に立ち上がらないかぎりイスラム教は根絶されるか、さもなくば原型をとどめぬまでに変貌させられてしまう、というものなのだ。

これを疑うならば、アメリカ率いる第二次イラク戦争の開戦時にイスラムの主要な聖職者や法学者――リベラル派も保守派も過激派も含めて――が出したファトワーを読んでみるといい。どのファトワーも異口同音に、イラクとイラク国民を攻撃してきたアメリカに対して防衛的聖戦《ジハード》に立ち上がるよう呼びかけている。ファトワーはビン・ラディンには直接言及していないが、一九九六年以来ビン・ラディンがくりかえしアメリカに対する防衛的聖戦《ジハード》を呼びかけた際の宗教的論拠を反映している。多くの点で、イラク戦争開戦時のファトワーはビン・ラディンの主張の正当性を裏付けており、言葉によってであれ、行為によってであれ、アメリカのイラク攻撃および占領に協力するイスラム教徒個人、組織、政府を「背教者」――すなわち死に値する――と呼んでいる。「イスラムの個人、集団、または国家が、言葉、行為、合図、補給によってイラクの国を滅ぼし民を殺害する攻撃を支援することは許されない」と、サウジアラビアの高名な宗教指導者サルマン・アルアウダは警告した。[*20] くりかえすが、こうした言葉はビン・ラディンの見解をそのまま反映したものだ。

ＰＣ（政治的に正しい言葉づかい）への配慮を少し離れれば、世界一三億のイスラム教徒のあいだで日増しに大きくなっているアメリカへの実質的な——情緒面だけでなく——憎悪について、きちんと認識し率直に議論できるようになるはずだ。イスラム世界の指導者たち——その先頭にビン・ラディンがいる——は、対米憎悪の原因はアメリカ人の思想や外見や発言ではなく行為にある、と再々明言しているから、こうした議論において人種差別やイスラム嫌いを非難される根拠はない。「残念ながら、あなたがたは人類史上最悪の文明国である」と、ビン・ラディンは二〇〇二年一〇月、アメリカ国民にあてた書簡の中で述べている。「あなたがたは、われわれの国土を略奪し、われわれの富や石油を盗み……（中略）……あなたがたの軍隊はわれわれの国土を占領している……（中略）……あなたがたはイラクのイスラム教徒たちを飢えさせた……（中略）……この世で最も憎むべき邪悪で不当な仕業を並べたリストの中で、あなたがたがまだ実行していない項目などあるだろうか？」[*21]アメリカが直面している現実は、要するに、「アメリカの対イスラム政策と行動を憎悪するイスラム教徒は多く、その数は増えつづけており、その結果、多くのイスラム教徒がアメリカに対して武器を取って立ち上がるだろう」ということにつきる。この現実を受容できてはじめて、われわれはアメリカの安全とライフスタイルに対する脅威を打倒するために何をすればいいのか、公に議論し判断できるようになる。そうした議論は、冷戦終了以来アメリカが忘れてきたもの、すなわち国益の明確な定義を取り戻す手がかりになるだろう。「明確な国益が一つも見えてこない。国益に関する明解な問答がない」と、マイケル・イグナティエフが二〇〇三年に『ニューヨーク・タイムズ・マガジン』に書いている。「政策は……（中略）……ほとんどの場合、現代メディアの義憤を煽る手段を持つ国際ロビー活動組織の奴隷となっていたように思われる……（中略）……いまのところ、アメリカ合衆国は二つの戦争を戦っているが、明確な調停の方針もなければ、明確な結末も見えておらず、国家が自分たちを何にまきこんだのか、アメリカ国民のあいだに明確な理解もない」[*22]

ここまで来てしまうと、率直な議論を始めるのは限りなく難しいだろう。というのは、有益な議論をするためには政策を詳細に分析する必要があるのだが、アメリカ国民はＰＣ（政治的に正しい言葉づかい）違反を非難されること――ラルフ・ピーターズがいみじくも、「往々にして難解な少数派による暴虐的権力」の行使であり民主主義の「不倶戴天の敵」であると評した――を恐れて、こういう話題に関して政府に質すことをほとんどしないからだ。[*23] 皮肉なことに、われわれが勇気を出して議論に及んだとすると、議論すべき問題はビン・ラディンの外交政策の核心部分であることがわかるはずだ。議論すべき問題点は、次のとおり。

＊イスラエルに対する不変の軍事的・経済的・政治的支援は、アメリカの実質的――情緒的ではなく――国益に資する行為、すなわちアメリカの存続に資する行為だろうか？　アメリカがイスラエルを全面的に支援するのは、それがわが国の安全保障に不可欠であるからか、それとも惰性によるものか、イスラエルがアメリカに送り込んだロビイストやスパイの手腕によるものか、イスラエルが民主国家であるという怪しげな主張ゆえか、アメリカが大量破壊兵器の保有を許してしまった国に対するコントロールを失うのを恐れてか、民主党リベラル派およびキリスト教原理主

義者の首をかしげたくなるような親イスラエル協調姿勢によるものか、それとも、ホロコーストに対するお門違いの罪悪感によるものか？　イスラエルがアメリカや他国と同じように自国を防衛でき隣国と平和に共存できるならば、国家として存在する権利はある。問題は、アメリカがイスラエルの庇護者としてはてしない血と富の代償に耐えつづけることがアメリカの国益にとって必要なのかどうか、という点だ。アメリカの対イスラエル政策が現状のまま変わらなければ、イスラムとのはてしない戦争が続くだろう。

＊イスラエルの問題は、もっと重要な問題につながっている。すなわち、マイケル・イグナティエフの言葉によれば、「自国の自由は国境を越えて他国の自由を防衛する義務を必然的に包含するのかどうか、という難しい問題」である。[*24]今日のアメリカ国民が自国と後代のためになすべき最大の義務は、ウッドロー・ウィルソンの国際主義――他のどの「主義」にも増して二〇世紀を血まみれの時代にした元凶――という下劣な遺産を最終的に廃棄し、「すべての国々に自由と独立を願い、ひとり自国のために戦い、自国のために擁護の弁をふるう」ことを説いたジョン・クインシー・アダムズの言葉を見直して、これを基本に据えることだ。[*25]

＊抑圧的独裁政治――君主制であろうと、軍政であろうと、世襲制であろうと――を続け、原油価格を武器にアメリカに庇護を強請し、欧米の軍隊を使って自国民を抑圧し迫害している腐敗したイスラム政権を後援することによって、アメリカは安い原油以外に何を得るのか？

＊アメリカには、石油会社と強行な環境保護論者およびそれぞれの後ろ盾になっている政治勢力と

対決してエネルギー自給政策を打ち立てる真の勇気があるだろうか？　今日の戦争は、ペルシア湾岸の原油に対する欧米諸国の依存とアメリカの人命損失のあいだに直接のつながりが存在することを示している。依存が深まれば深まるほど、人命損失は大きくなる。この地域でアメリカにとって石油以外に国益が存在しない以上、アメリカは石油一〇〇〇バレルあたり何人の命を支払うつもりなのかを自問しなければならない。

＊アメリカはアラビア半島に陸軍・海軍基地を持つ必要があるのか？　そして、アメリカはイスラムの国々を占領しつづける必要があるのか？　こうした行為がビン・ラディンの主張を強化する根拠となっているにもかかわらず、これを正当化するほどの脅威が現実に存在するのか？　アメリカの安全保障に対する脅威が確かに存在するのであれば、われわれはラルフ・ピーターズが問うているように「この種の脅威を根絶するのに必要なレベルのすさまじい力を行使し継続すること」ができるのか？[＊26]　あらゆる文化の平等を説いておきながら、アメリカは他文化に対するそのような力の行使が自国の存続を保証するために必要であると認めることができるのだろうか？

＊政教分離の民主主義を、どう見てもそれを望んでいるとは思えない国々に対して無理に押しつけようとする行為は、アメリカの安全保障にとって必要だろうか？　アメリカにそのような権利があるだろうか？　他国がアメリカと同じ体制でないと、アメリカ滅亡の危険が増大するというのか？　むしろ、民主主義構築をもくろむアメリカの十字軍が世界を広範に不安定化させることのほうが、アメリカ滅亡の危険を増大させるのではないか？

読者諸氏も想像がつくと思うが、このような問題を率直に議論しはじめれば、激情に支配された議論があちこちで噴き上がることだろう。人種差別主義、ユダヤ人排斥思想、イスラム嫌い、孤立主義、国家主義、等々の中傷や告発を浴びることは言うまでもない。これまで何世代にもわたって対イスラエル援助、アラブ独裁国家との鉄の絆、カリブーやホッキョクウサギの棲息地不可侵、あらゆる国家の民主化・世俗化などを自明の理として掲げてきたアメリカのエリートたちは、義憤にかられて立ち上がるだろう。彼らの中には、こうした理念を純粋に信ずるがゆえに義憤を表明する者もいるかもしれない。しかし、サウジアラビアや他の湾岸諸国の王族たちから受け取る結構な額の謝礼ゆえに、あるいはアメリカのエネルギー企業や軍需企業から受け取る政治資金や寄付金ゆえに、さらにはロビイストや選挙の影響で「アメリカの国益」と「イスラエルの国益」が区別できなくなってしまったために義憤の声を上げる人間は、もっと多いに違いない。

こうしたエリートたちは、右に列挙したような政策は議論の対象外である、神聖不可侵である、アメリカ国民に普遍的に受容されている、それゆえこれ以上の検討・分析・議論は無用である、と主張するだろう。彼らのこうした姿勢の背後には、じつは自分たちの標榜する「国民の合意」が広範でも絶対でもない、という不安な自覚が垣間見える。エリートの中には、もしかしたら一般のアメリカ国民は世界のイスラム教徒を敵に回しても利益はないと考えているのではないか、独裁国家を庇護する一方で民主主義の伝道を口にするワシントンの姿勢を見苦しく恥ずべき偽善と考えているのではないか、アメリカの兵士や国民よりもツンドラやトナカイや地衣類を重視するエネルギー政策は時代に合わないと考えているのではないか、アメリカのようになることを望まずアメリカの存続にとって重要でもない国々に民主主義を押しつけてわざわざ憎悪を買うような非現実的活動に資金を投下するよりもアメリカ自身の民主主義や教育や経済を完璧に近づける努力をするほうがはるかに重要と考えているのではないか、と気づきはじめている者もいるかもしれない。

このような議論から生まれる言葉の応酬や激しい対立は、アメリカ国民――とくに象牙の塔とワシントン・ボストン回廊とハリウッド以外のアメリカに住む国民――を大いに刺激し、政策をじっくりと再評価する機会につながるだろう。おそらくアメリカ国民は長い休眠から目覚めて、自分たちには自らの頭で考える能力があること、自分や自国にとって何が利益になるか定義する能力があること、エリートが並べる外交政策の御託は相手にする必要もないこと、などに気づくだろう。とはいっても、そのようにして始まった議論がどこへ行き着くかは、誰にも予想できない。もしかしたら、イスラム世界に対するアメリカの現政策を追認する結果になるかもしれない。わたしとしてはそうならないことを望みたいが、そうなればそれで仕方ない。多数決が原則なのだから。結論がどうなるにせよ、アメリカがイスラム世界と軍事的に対立する状況は続くだろう。ただ、率直な議論がおこなわれれば、アメリカ国民は自分たちが何を求めたかを自覚できる。現政策の維持を選択するならば、衝突が拡大して国民の生命と経済的損失が大きくなることを覚悟しなければならない。新しい政策を選択するならば、将来的にはイスラム世界との対立や流血が鎮静化する可能性がある。いずれにしても、すべての選択肢が提示され議論がつくされた後に、すべてのアメリカ国民によって選択肢が決められるべきであり、石油会社や武器メーカーや福音伝道者やイスラエルとその手先による誘導やロビー活動や金や策謀などに影響されたエリートだけが選択の判断を下すようなことではいけない。

終章

楽観の根拠はない

激励の言葉など、かけようがないではないか！……（中略）……人民はわれわれが南部諸州と戦争をしているという覚悟がまだできていない。本気でこの戦争を戦い抜く決意ができていない。この窮地から、どうにかして戦略によって抜け出すことができると思い込んでいるらしい！……（中略）……マクレランド将軍は、南軍を戦略で打ち負かすことができると考えている。軍も同じ考えだ……（中略）……まったく、人民には戦争をする覚悟ができていない！　皆、和平への楽な道があると思っている、そしてマクレランド将軍がそれを見つけてくれると思っている。軍は、われわれが最後まで戦い抜くしかない大変な戦争に立ち向かっているという自覚ができていない。将校たちも同じだ。

エイブラハム・リンカーン（一八六二年）[*1]

アンティータムで南軍のリー将軍率いる北ヴァージニア軍を壊滅させることができなかったマクレランド北軍将軍に対するリンカーンの憤懣と同じ思いを、今日のアメリカ国民も感じているはずだ。われわれの指導者はビン・ラディンと彼が象徴する大義を正しく認識せず、作戦を誤った。この点については再三指摘したので、ここでは触れない。右に掲げた引用の中で、リンカーンは、戦争を始めて一七ヶ月も経過しているのに国民の大半が——指導者も一般の国民も——いまだに南北戦争の現実を理解していない、と怒っている。わたしが本書を書きはじめた二〇〇三年一月の時点で、アメリカはこれと同じ状態だった。そして、本書を書き終えようとしている二〇〇四年五月現在においても、状況は変わっていない。米軍がアフガニスタンに侵攻してから三〇ヶ月以上も経過しているのに、である。われわれはいまだにリンカーンの視線ではなくマクレランドの視線で戦争を見ており、ビン・ラディンの脅威について規模も本質も正しく理解していなければ、ビン・ラディンが率いる勢力を壊滅させるのに必要な種類の戦いを始めてもいない。

その原因は、今回の戦争がアメリカにとってこれまでとまったく異なる戦争だからかもしれない。ビン・ラディンとの戦いにおいて、われわれは直感的には信じがたい現実に直面し、それをいまだに受容できずにいる。敵の「重心」を攻撃すべしというクラウゼウィッツの兵法に則って、アメリカの指導者たちはビン・ラディンの逃避先、資金源、幹部、同盟勢力、はては寄付金の窓口や教育カリキュラムにまで攻撃を加えた。こうした攻撃は三年近く続き、第三章で紹介したようにそれなりの成功もおさめているが、にもかかわらず、二〇〇四年二月末におこなわれた世界のテロ脅威に関する議会ブリーフィングで、ＣＩＡ長官は上院特別委員会に対して、ビン・ラディンの脅威は増大している、と証言した。

これまでのところ、われわれは［アルカイダに対して］注目すべき進歩をとげております。しかし、誤解しないでいただきたい。わたくしは、アルカイダを打ち負かすことができたと申し上げているのではありません。そうではなく、戦争はいまだ継続中であります。［アルカイダは］学習能力のある組織で、アメリカ合衆国および友好国や連合国に対する攻撃の手を緩めてはおりません……（略）……。

ここまでは、アルカイダに限って申し上げました。しかし、世界のテロ脅威はアルカイダに限ったものではありません。アルカイダは他の組織に対して、アメリカをイスラム最大の敵とみなすイデオロギーを感染させております。議長、これからわたくしが申し上げることは、わたくしの本日の発言の中で最も重要な部分と存じます。

ウサマ・ビン・ラディンの反米感情が広範なスンニ派過激勢力のあいだで着実に増殖しつつあることと、アルカイダの破壊力が広範に波及しつつあることから、アルカイダの存続如何にかかわらず、重大な脅威が予見可能な将来にわたって存在しつづけることは確実と思われます。[*2]

ＣＩＡ長官の勇気ある発言——対アルカイダ戦争に関する他の米政府高官の発言とは明確に異なっ

ている——は、委員会出席者やメディアの耳に届いたものの、理解はされなかった。長官の発言は、つまるところ、アメリカはアルカイダに対していくつかの大きな戦術的勝利をおさめたとはいえ、戦略的にはビン・ラディンに敗北しつつある、なぜならビン・ラディンの「反米感情」が世界中のスンニ派過激勢力のあいだに広まっているからだ、と言っている。まことに、そのとおりだ。が、なぜだろう？　ＣＩＡ長官はここで少しばかり率直さを欠いて、現実を知らないあるいは認めようとしない連中が好んで使うウイルス感染の比喩に逃げ、ビン・ラディンが他の組織に対してアルカイダのイデオロギーを「感染」させている、と発言した。[*3]

ビン・ラディンが勝利しつつあるというＣＩＡ長官の発言は、われわれがアメリカの指導者たちの口からこれまで聞いた中で最も明解な内容だ。ただし、ビン・ラディンは他のスンニ派組織を鼓舞し煽動したのであって、ビン・ラディンが他者にイデオロギーを感染させたのではない。アルカイダや同類の集団、および世界のイスラム教徒は、アメリカのイスラム政策を原因とする対米憎悪に感染しているのだ。イスラエル、ロシア、中国、インド、アルジェリア、ウズベキスタンなどの国々によるイスラム抑圧政策に対するアメリカの支持、イスラム独裁政権に対するアメリカの支援、石油政策と価格に対するアメリカの支配、アフガニスタン、イラク、アラビア半島などにおけるアメリカの軍事行動——これらこそ、イスラム世界に感染が広がりつつある憎悪の源なのだ。ビン・ラディンはアメリカが引き起こした憎悪を抜け目なく利用し、イスラム教徒に民族の歴史と宗教的義務を再認識させると同時にアメリカに攻撃をしかけることによって、ＣＩＡ長官がいみじくも「予見可能な将来にわたって存在しつづけると思われる重大な脅威」と形容した勢力の指導者として頭角を現したのである。*4

ビン・ラディンは、つまるところ、クラウゼヴィッツの議論を逆手に取ったわけだ。実際、ビン・ラディンには従来の意味でいう「重心」は一つもない——経済もない、都市もない、祖国もない、電力網もない、正規軍もないのである。むしろ、ビン・ラディンの「重心」はアメリカの対イスラム政策にある。なぜなら、アメリカの現政策は、世界中のイスラム教徒——アルカイダの軍事活動に対する意見がどうであれ——を憤激させ、世界規模の対米防衛的聖戦《ジハード》を煽動するビン・ラディンの活動に無限に等しい成長力を与える内容だからだ。アメリカの国民と指導者がこの事実を認識できないかぎり、数々の戦術的敗北にもかかわらず、ビン・ラディンは戦略的戦争に勝利しつづけるだろう。政策を改めないかぎり、アメリカはビン・ラディンの指揮する武装勢力に対して軍事的対応をますます激化させていく以外に選択肢はない。これによってアメリカの存続は延長できるかもしれないが、国民の血と金と自由において想像を絶する大きさの犠牲を払うことになるだろう。孫子は「兵は詭道《きどう》なり」(戦争とは敵を欺くことである)と書いた。これまでのところ、アメリカ合衆国が対ビン・ラディン戦争において欺いてきたのは、自国の国民だけである。

▩原注（下巻：第五章〜終章）▩

第五章　ビン・ラディンから見た世界

1. Kent Gramm, *Gettysburg: A Meditation on War and Values*, p. 159.
2. Bruce Hoffman, *Studies in Conflict and Terrorism*, vol. 25 (2002).
3. "Azzam Exclusive: Letter from Usamah Bin Mohammad Bin Ladin to the American People," *Waaqiah.com* (Internet), 26 October 2002; Hamid Mir, "U.S. Using Chemical Weapons-Usama Bin Ladin," *Ausaf*, 10 November 2001, pp. 1, 7; and "About the Heroes' Will and the Legitimacy of the New York and Washington Operations," *Al-Neda* (Internet), 24 April 2002.
4. Bernard Lewis, *The Crisis of Islam: Western Impact and Middle East Response*, p. 143.
5. J.T. Johnson, "Two Worlds," *Humanities*, vol. 21, no. 6 (November/ December 2000), p. 39.
6. *Waaqiah.com* (Internet), 26 October 2002.
7. "Recorded Audio Message by Ayman al-Zawahiri," *AJSCT*, 10 September 2003, and Abu-Ubayd al-Qurashi, "A Lesson in War," *Al-Ansar* (Internet), 19 December 2002.
8. "Exclusive Transcript of Previously Unaired Interview with Usama Bin Ladin," *Qoqaz* (Internet), 23 May 2002.
9. "Exposing the New Crusader War-Usama Bin Ladin-February 2003," *Waaqiah* (Internet), 14 February 2003.
10. "Interview with Usama Bin Ladin," *Ummat*, 28 September 2001, pp. 1,7.
11. "Message from Usama Bin Ladin to the Youth of the Muslim Ummah," *Markaz al-Dawa* (Internet), 13 December 2001.
12. *Ibid.*
13. *Al-Qal'ah* (Internet), 14 October 2002.
14. *Ibid.*
15. *Waaqiah* (Internet), 14 Feberuary 2003.
16. "A New Bin Laden Speech," *Middle East Media Research Institute/MEMRI* (Internet), no. 539, 18 July 2002.
17. Abu-Ayman al-Hilali, "Highlights of the Political Thinking of Imam Bin Ladin in Light of His Latest Speech (3)," *Al-Ansar* (Internet), 15 March 2002.
18. *Al-Qal'ah* (Internet), 14 October 2002.
19. *Ibid.*
20. *Ibid.*
21. *Waaqiah* (Internet), 14 February 2003.
22. *Markaz al-Dawa* (Internet), 13 December 2001, and Bin Laden quoted in, Zuhayr al-Nakhah, "Islamic Studies and Research Center Slaps at Al-Majallah Magazine and Its Mercenaries: We Subjected the Alleged Will to an Examination that Shows It to Be the Will of Al-Majallah Magazine, Not of [the] Shaykh," *Al-Qal'ah* (Internet), 30 October 2002.
23. *Markaz al-Dawa* (Internet), 13 December 2001.
24. "Transcript ofUsama Bin Ladin Videotape," *CNN.com*, 13 December 2001.

25. "A Day that Shocked the World," *AJSCT*, 10 September 2002.
26. *Al-Qal'ah* (Internet), 14 October 2002.
27. "Statement by Shaykh Usama Bin Ladin, May God Protect Him, and [the] al-Qaida Organization," *Al-Qal'ah* (Internet), 14 October 2002.
28. *MEMRI* (Internet), no. 539, 18 July 2002.
29. "Statement by Usama Bin Ladin," *AJSCT*, 3 November 2001.
30. *Al-Qal'ah* (Internet), 14 October 2002.
31. "Poems by Usamah and Hamzah Bin Ladin," *arabforum.net* (Internet), 30 June 2002.
32. David Rohde, "Verses from Bin Ladin's War: Wielding the Pen as a Sword of Jihad," *NYT*, 7 April 2002, p. 20.
33. Daniel Benjamin and Steven Simon, *The Age of Sacred Terror*, p. 119.
34. "Interview with Dr. Abdullah al-Nafisi," *AJSCT*, 13 February 2002.
35. James P. Pinkerton, "War of Ideas May Be Toughest U.S. Faces," *LIN*, 2 January 2003.
36. DeWayne Wickham, "Even If USA Won't Say It, Terrorists Want Religous War," *USAT*, 30 October 2002, p. 11.
37. Susan Page, "Foreign Distrust of U.S. Increases," *USAT*, 4 June 2003, p. 1; "Global Backlash," *Financial Times*, 4 June 2003; and "Muslims and the U.S.," *CSM*, 4 June 2003.
38. *Al-Qal'ah* (Internet), 14 October 2002.
39. Hamid Mir, *Ausaf*, 10 November 2001.
40. *Ibid.*
41. Daniel Benjamin and Steven Simon, *The Age of Sacred Terror*, p. 134.
42. Dennis Mullins, "Call It By Any Other Name, It Still Adds Up to a Crusade," *NYT*, 5 January 2003.
43. "Statement by British Foreign Secretary Jack Straw in Istanbul," *NTV*, 20 November 2003.
44. M. Ruthven. *A Fury for God: The Islamist Attack on America*, p. 87, and S. P. Huntington. *The Clash of Civilizations and the Remaking of World Order*. New York: Touchstone, 1997, p. 156.
45. *Ibid.*, pp. 264-265.
46. "Address from the Shaykh: Hammoud bin Uqla al-Shuaibi, Ali al-Khudayr, and Sulaiman al-Awan to the Commander of the Believers: Muhammad Umar and Those Mujahedin with Him, May Allah Grant Them Victory," *Qoqaz* (Internet), 22 January 2002.
47. Stephen Schwartz. *The Two Faces of Islam: The House of Sa'ud from Tradition to Terror*. New York: Doubleday, 2002, p. 28.
48. R. Gunaratna, "Confronting the West: al Qaeda's Strategy after 11 Sept.,"JIR, vol. 14, no. 7 (July 2002).
49. "Statement by Usama Bin Ladin," *AJSCT*, 3 November 2001.
50. "Letter to the Afghan People," *IslamOnline.net* (Internet), 25 August 2002.
51. Abu-Ayman al-Hilali, *Al-Ansar* (Internet), 15 March 2002.
52. *Qoqaz* (Internet), 23 May 2002.
53. "Al-Qaida Statement Congratulates Yemenis on the Bombing for the French

Tanker off Yemen's Coast," *AQAA*, 16 October 2002, p. 2.
54. *Ibid.*
55. M. Ignatieff, "Why Are We in Iraq? (And Liberia? And Afghanistan?)," *NYTM*, 7 September 2003.
56. *Waaqiah* (Internet),14 February 2003.
57. Sayf al-Ansari, "And Fight the Unbelievers Totally," *Al-Ansar* (Internet), 27 February 2002.
58. *Ummat*, 28 September 2001, pp. 1, 7.
59. "A Day that Shocked the World," *AJSCT*, 10 September 2002.
60. "Statement from Abdallah Usama Bin Ladin to the Peoples of the Countries Allied to the Tyrannical U.S. Government," *Al-Neda* (Internet), 21 November 2002.
61. "A Statement by Usama Bin Ladin Entitled: 'Abdallah's Initiative... The Great Treason,' " *www.cybcity.com/mnzmas/osam.htm*, 1 March 2003.
62. *Waaqiah* (Internet), 14 February 2003.
63. *www.cybcity.com/mnzmas/osam.htm*, 1 March 2003.
64. *Waaqiah* (Internet), 14 February 2003.
65. *Al-Qaal'ah* (Internet), 14 February 2002.
66. *Ibid.*
67. "The Day that Shocked the World," *AJSCT*, 10 September 2002.
68. *MEMRI* (Internet), no. 539, 18 July 2003.
69. *Ibid.*
70. *Ibid.*
71. Hamid Mir, *Ausaf*, 10 November 2001.
72. *Al-Neda* (Internet), 21 November 2002.
73. *Ibid.*
74. *Qoqaz* (Internet), 23 May 2002, and *Al-Qal'ah* (Internet), 14 October 2002.
75. John Kelsay, "Religion, Morality, and the Governance of War: The Case of Classical Islam,"*Journal of Religious Ethics*, vol. 18, no. 2 (fall 1990), p.125.
76. James Turner Johnson and John Kelsay. *The Holy War in Western and Islamic Traditions*. University Park, PA: Pennsylvania State University Press, 1997, p. 122.
77. John Kelsay, "*Journal of Religious Ethics*, vol. 18, no. 2 (fall 1990), p. 125.
78. "Statement by Usama Bin Ladin," *AJSCT*, and *Waqiaah* (Internet), 26 October 2002.
79. Shaykh Nasir bin-Hamid al-Fahd, "A Treatise on the Legal Status of Using Weapons of Mass Destruction against Infidels," *www.al-fhd.com* (Internet), 1 May 2003. (Hereafter al-Fahd, *Treatise*, 1 May 2003.)
80. *Ibid.*
81. *Ibid.*
82. *Ibid.*
83. *Ibid.*
84. *Ibid.*
85. *Ibid.*
86. *Ibid.*

87. Hamid Mir, *Ausaf*, 10 November 2001, pp. 1, 7.
88. *Ummat*, 28 September2001, pp. 1, 7.
89. *Waaqiah* (Internet), 26 October 2002.
90. Hamid Mir, *Ausaf*, 10 November 2001, pp. 1, 7.
91. Al-Fahd, *Treatise*, 1 May 2003.
92. Malise Ruthven, *Fury for God: The Islamist Attack on America*, p. 30.
93. *Ummat*, 28 September 2001, pp. 1, 7.
94. *Qoqaz* (Internet), 23 May 2002.
95. Nicolo Machiavelli, *The Prince*, pp. 14-15 and 21.（邦訳は河島英昭訳『君主論』岩波文庫、塩野七生著『マキアヴェッリ語録』新潮文庫）

第六章　傲りの果ての自業自得

1. P. G. Tsouras (ed.), *Civil War Quotations*, p. 106.
2. *Ibid.*, pp. 67-68.
3. Andrew Greeley, "Victory Doesn't Justify War," *CT*, 18 April 2003.
4. David M. Halbfinger and Timothy Egan, "Terror Warning Responses Range from Fear to Fatalism," *NYT*, 13 February 2003, and Eli J. Lake, "Noise Pollution: Al Qaeda's Misinformation War," *New Republic Online* (Internet), 4 November 2002.
5. Anonymous, *Through Our Enemies' Eyes*, pp. 24-28.
6. Lee Harris, *Policy Review* (August/September 2002), p. 35.
7. Victor Davis Hanson, *Autumn of War*, p. 15.
8. Steven Simon, "The New Terrorism: Securing the Nation against a Messianic Foe," *Brookings Review*, vol. 21, no. 1 (winter 2003) p. 18.
9. Susan Page, "Foreign Distrust of U.S. Increases," *USAT*, 4 June 2003, p. 1; "Global Backlash," *Financial Times*, 4 June 2003; and "Muslims and the U.S.," CSM, 4 June 2003.
10. *Ummat*, 28 September 2001, pp. 1, 7; "Message to Our Iraqi Brothers from Usama Bin Ladin, Leader of [the] Al-Qaida Organization," *AJSCT*, 11 February 2003; and *Al-Neda* (Internet), 21 November 2002.
11. *AJSCT*, 1 February 2003.
12. "Statement of Usama Bin Ladin to Iraqis and Americans," *AJSCT*, 18 October 2003.
13. "Recorded Audio Message of Ayman al-Zawahiri," *AJSCT*, 10 September 2003.
14. Ahmad Muwaffaq Zaydan, "Al-Zawahiri in New Article: The Awakening Is Frightening the Enemies of Islam," *AH*, 18 February 2003, pp. 1, 6, and "Statement by Ayman al-Zawahiri," *AJSCT*, 21 May 2003.
15. Abu-Ubayd al-Hilali, "Mombasa and the Fulfillment of a Promise," *Al-Ansar* (Internet), 5 December 2002.
16. Quoted in Craig L. Symonds. *Joseph E. Johnston: A Civil War Biography*. New York: WAV. Norton and Company, 1992, pp. 272, 284, and P.G. Tsouras (ed.), *Civil War Quotations*, p. 167.
17. Tod Lindberg, "Deterrence and Prevention," *Weekly Standard*, 3 February 2003.
18. Peter G. Tsouras (ed.), *Civil War Quotations*, p. 235.
19. Scott Baldauf, "Taliban Sympathies High in Border Towns," *CSM*, 19 September

2002.
20. Rahimullah Yusufzai, "Taleban Volunteers Joining Resistance," *The News* (Internet version), 4 February 2003.
21. Muzzafar Iqbal, "Thank You, Mr. Bush," *The News* (Internet ver sion), 6 December 2002.
22. John Keegan, "If America Decides to Take on the Afghans, This Is How to Do It," *Daily Telegraph* (Internet version), 20 September 2001.
23. Ilene Prusher, "A Year after the Taleban, Little Change," *CSM*, 19 November 2002, p. 1.
24. Robert Oakley, "The New Afghanistan: Year 2," *WP*, 3 January 2003, p.19.
25. Peter Srnolowitz, "Franks: Afghan Model Could Work to Build Iraq," *Miami Herald*, 12 January 2003.
26. Rowan Scarborough, "War on Terrorism in 'Cleanup' Phase," *WT*, 2 May 2003.
27. Chris Kraul, "Rumsfeld Declares a Shift in Mission," *LAT*, 2 May 2003.
28. Vernon Loeb, "U.S. Hopeful on Afghan Security," *WP*, 23 December 2002, p. 14.
29. Christian Lowe, "Nation Building," *Weekly Standard.com* (Internet), 6 February 2003.
30. Victor Davis Hanson, "Finish the War," *WSJ*, 17 September 2002, and Victor Davis Hanson, *Autumn of War: What America Learned from Septem ber llth and the War on Terrorism*, p. 70.
31. Bernard Lewis, "Put the Iraqis in Charge," *WSJ*, 29 August 2003.
32. Michael E. O'Hanlon, "A Flawed Masterpiece: Assessing the Afghan Campaign," *FA*, vol. 81, no. 3 (May/June 2002).
33. William R. Hawkins, "What Not to Learn from Afghanistan," *Parameters*, vol. 32, no. 2 (summer 2002).
34. Anthony Davis, *JIR*, vol. 14, no. 2 (February 2002).
35. David H. Hackworth, "No Light in the Afghan Tunnel," *DefenseWatch/sftt.org* (Internet), 13 May 2003.
36. Ralph Peters. *Beyond Terror: Strategy in a Changing World*, pp. 179 181.
37. Ibid., *Fighting for the Future: Will America Triumph?* p. 30.
38. David H. Hackworth, "Bad Call on Iraq," *DefenseWatch* (sftt.org/ Internet), 5 August 2003.
39. Anonymous, *Through Our Enemies, Eyes*, p. xiv.
40. Adm. Halsey: *http://www.battle-of-leyte-gulf.com/Leaders/Americans/Halsey/halsey.html, and http://www.angelfire. com/la/raeder/Unitedstates. html.*
41. William R. Hawkins, *Parameters*, vol. 33, no. 2 (summer 2002).
42. Daniel Bergner, *New York Times Magazine*, 20 July 2003, p. 38.
43. Of many, see "Key Components of the Iraqi Ground Forces," *http://www.rjlee.org/iraq2002-l.htm*, and Juan O. Yamayo, "Iraqi Forces Cut in Half, Weapons Outdated," The State.com (*http://www.thestate.com/mld/thestatef5194150.htm*), 16 February 2003.
44. James Brooks, "Mongolians Return to Baghdad, This Time as Peace Keepers," *NYT*, 25 September 2003, and Stephen. Schwartz. *The Two Faces of Islam: The House ofSa'ud from Tradition to Terror*, p. 54.
45. *Waaqiah* (Internet), 14 February 2003.

46. Ralph Peters, "The New Warrior Class Revisited," *Small Wars and Insurgencies*, vol. 13, no. 2 (summer 2002), p. 16.
47. *Ibid., Beyond Terrorism: Strategy in a Changing World*, p. 136.
48. David A. Vise, "A New Global Role Puts the FBI in Unsavory Company," *WP*, 29 October 2000, p. A-l.
49. Jessica Stern, "Execute Terrorists at Our Own Risk," *NYT*, 28 February2001.
50. J. Lobel, "The Use of Force to Respond to Terrorist Attacks: The Bombing of Afghanistan and Sudan," *Yale Journal of International Law*, vol. 24, no. 2 (summer 1999), p. 522.
51. William Safire, "New Day of Infamy," *NYT*, 12 September 2001.
52. Richard K. Betts, *Political Science Quarterly*, vol. 117, no. 1 (spring 2002), p. 19.
53. D. A. Vise and Dan Egan, "FBI Widens Cole Probe as Yemen Cooperates," *WP*, 27 January 2001, p. A-14, and Lally Weymouth, "Pieces of the Puzzle," *Newsweek*, 18 December 2000, p. 48.
54. J.J. Goldman and R.J. Ostrow, "U.S. Indicts Terror Suspect Bin Laden," *LAT*, 5 November 1998, p. A-l.
55. Quoted in Daniel Byman, *NI*, no. 72 (summer 2003), p. 75.
56. Steven Emerson and Daniel Pipes, "Terrorism on Trial," *WSJ*, 31 May 2001.
57. Charles Krauthamer, "The Trouble with Trials," *WP*, 9 March 2001, p.27.
58. Reuel March Gerecht, "G-Men East of Suez," *Weekly Standard*, 30 October 2000.
59. Vernon Loeb, "Planned Jan. 2000 Attacks Failed or Were Thwarted," *WP*, 24 December 2000, p. A-2.
60. Mahmud Khalil, "Interview with Al-Qaida Spokesman Abd-al-Rahman al-Rashid," *Al-Majallah*, 13-19 October 2002, pp. 30-32.
61. "Usama Interview: Not Up to Him to Call a Holy War," *Takbeer*, 5-12 August 1999, p. 22.
62. John Miller, "An Exclusive Interview with Usama Bin Ladin: Talking to Terrorism's Banker," *ABCNEWS.com* (Internet), 28 May 1998.
63. *Takbeer*, 5-12 August 1999, p. 22.
64. Ruth Wedgewood, "Cause for Alarm," *WP*, 3 June 2001, p. B-l.
65. Ernest Blazar, "Inside the Ring," *WT*, 24 August 1998, p. A-8.
66. Kevin Johnson et al., "Arrest of 9/ll Suspect Yields 'Lots of Information,'" *USAT*, 3 March 2003, p. 1.
67. W. Pincus, "Bin al-Shibh Said to Provide 'Useful Information,' " *WP*, 4 October 2002, p. 17.
68. Jeff Gerth, "Pro-al Qaeda Workers a Sabotage Threat for Saudis," *NYT*, 13 February 2003.
69. Jane Mayer, "The Search for Osama," *New Yorker.*, 4 August 2003.
70. Howard Witt, "US: Killing of al Qaeda Suspects Was 'Legal,' " *CT*, 24 November 2002, p. 1.
71. Peter G. Tsouras (ed.), *Civil War Quotations*, p. 185.
72. Bob Woodward, *Bush at War*, p. xi.
73. *Ibid.*, p. 4.
74. *Ibid.*, p. 6.
75. *Ibid.*, p. 27.

76. *Ibid.*, p. 196.
77. *Ibid.*, p. 269.
78. *Ibid.*, p. 298.
79. "A Ghastly Probability," *Economist*, 14 September 2002.
80. Richard K. Betts, *Political Science Quarterly*, vol. 117, no. 1 (spring 2002), p. 19.
81. Quoted at hhtp://www.thisnation.cm/library/jqadams.html.
82. Michael McFaul, "Wrong Time to 'Stay the Course,' " *WP*, 24 August 2003.
83. Niall Ferguson, "The 'F Word," *WSJ*, 6 June 2003.
84. Joshua Mitchell, "Not All Yearn to Be Free," *WP*, 10 August 2003, p. B-7.
85. Patrick J. Ryan, "The Roots of Muslim Anger: The Religious and Political Background of Worldwide Islamic Militancy Today," *America*, vol. 185, no. 17 (26 November2001), p. 8.
86. Sayf al-Ansari, "Fight the Friends of Satan," *Al-Ansar* (Internet), 28 January 2002.
87. Ralph Peters. *Beyond Terror: Strategy in a Changing World*, pp. 107, 111.
88. *Ibid.*,p. 59.

第七章　アメリカの頑迷な政策が敵を利する

1. Peter G. Tsouras (ed.), *Civil War Quotations*, p. 89.
2. *Ibid.*, p. 90.
3. *Ibid.*,p. 176.
4. G. Abdo, "Spiritual Voice. Embodiment of Evil. Osama Bin Laden," *CT*, 14 September 2003.
5. Bernard Lewis, "Targeted By a History of Hatred," *WP*, 10 September 2002, p. 15.
6. *Ibid.*
7. Daniel Byman, *NI*, no. 72 (summer 2003), p. 83.
8. "Clerics Underline 'Jihad' Against 'Enemy'; Writer Urges Donations," *Al-Ahram Al-Arabi*, 22 March 2003.
9. Michael Ignatieff, *NYTM*, 7 September 2003.
10. Richard Dawkins, "Bin Ladin's Victory," *The Guardian* (Internet version), 22 March 2003.
11. C.J. Chivers and David Rohde, "Turning out Guerrillas and Terrorists to Wage Holy War," *NYT*, 18 March 2002, p. A-l.
12. *Ibid.*
13. *Ibid.*
14. *Ibid.*
15. *Ibid.*
16. Yaroslav Trofimov, "Iraq Resistance Strikes a Chord with Locals on Mideast Street," *WSJ*, 26 March 2003, p. 1.
17. C.J. Chivers and David Rohde, *NYT*, 18 March 2002.
18. Quoted in Daniel Byman, *NI*, no. 72 (summer 2003), p. 75.
19. John Keegan, *Daily Telegraph* (Internet version), 20 September 2001.
20. "The U.S. Deception," *Al-Ansar* (Internet), 12 June 02.
21. Anatol Lieven, "The Empire Strikes Back," *The Nation*, 7 July 2003, p.26.
22. Clyde Prestowitz, "Why Don't We Listen Anymore?" *WP*, 7 July 2002, p. B-l.
23. Anonymous, *Through Our Enemies' Eyes: Osama Bin Laden, Radical Islam, and*

the Future of America, pp. 82, 87, 252.
24. "Interview with Sulayman Abu-Gayth: 'We Will Launch New Attacks against U.S. Interests,' " *El Youm* (Internet version), 9 July 2002, pp. 1, 5.
25. "Statement from the al-Qaida Organization on the Two Mombasa Operations against the Jews," *http://www.mojahedoon.net* (Internet), 2 December 2002.
26. For example, Abu-Ayman al-Hilali, "Bin Ladin and the Palestinian Cause," *Al-Ansar* (Internet), 15 January 2002; "A Statement from Qaida-al-Jihad to the Muslim Nation and the Heroic Palestinian People," *Al-Neda* (Internet), 10 April 2002; Abu-Ubayd al-Qurashi, "Janinograd," *Al-Ansar* (Internet), 14 April 2002; and Abu-Ayman al-Hilali, "Arafat and the High Treason," *Al-Ansar* (Internet), 28 May 2002.
27. Abu-Ubayd al-Qurashi, "From Munich to New York," Al-Ansar (Internet), 22 February 2002.
28. "Interview with Dr. Ayman al-Zawahiri," *Qoqaz* (Internet), 11 October2002.
29. James Dao, "Pakistan Asks U.S. to Reduce Restrictions on Its Citizens," *NYT*, 30 January 2003, and Mahmud Abbas Ahmad Salih, "Why Does Not Egypt Reply to the United States in Kind," *Al-Sha'b* (Internet version), 31 January 2003.
30. Abd-al-Bari Atwan, "The Arab View-Americans Are Masters of Destruction; The U.S. Is Driving the Muslim World to Hatred," *The Observer* (Internet version), 10 March 2002.
31. "Arabs Not Welcome," *Saudi Gazette* (Internet version), 9 June 2002.
32. Bassam Daw, "The United States' 'Racism,' " *Al-Watan*, 6 May 2002.
33. "Insulting U.S. Immigration Laws," *Nawa-i-Waqt*, 7 June 2002, p. 2.
34. *Ibid.*
35. *Qoqaz* (Internet), ll October 2002.
36. Maureen Dowd, "Pass the Duct Tape," *NYT*, 12 February 2003, p. A 25.
37. Chris Hedges. *War Is a Force That Gives Us Meaning*, p. 54.（邦訳は中谷和男訳『戦争の甘い誘惑』河出書房新社）
38. Robert D. Kaplan. *Warrior Politics: Why Leadership Demands a Pagan Ethos*. New York: Viking Books, 2002, p. 127.
39. *Ibid.*,p. 128.

第八章　将来に向けて論ずべきこと

1. Randall Bedwell. *May I Quote You General Lee?* New York: Gramercy Books, 2002, p. 63.
2. Kent Gramm, *Gettysburg: A Mediation on War and Values*, p. 22.
3. Ralph Peters, *Beyond Terrorism: Strategy in a Changing World*, p. 196.
4. Ibid., p. 204.
5. Francis Fukuyama, "The Real Intelligence Failure?" *WSJ*, 5 August 2003.
6. Daniel Benjamin and Steven Simon, *The Age of Sacred Terror*, p. 243.
7. Robert D. Kaplan, "Supremacy by Stealth," *Atlantic Monthly* (July August 2003), p. 69.
8. Quoted in Chris Hedges, *War Is a Force That Gives Us Meaning*, p. 4.（邦訳は中谷和男訳『戦争の甘い誘惑』河出書房新社）
9. Ralph Peters, *Beyond Terror: Strategy in a Changing World*, p. 39.

10. *Ibid.*,p. 61.
11. M. Ruthven, *A Fury for God: The Islamist Attack on America*, p. 173; R. Peters, "The Saudi Threat," WSJ, 4 January 2002; S. Schmidt, "Spreading Saudi Fundamentalism in U.S.," WP, 2 October 2003, p. 1; and S. Schwartz, *The Two Faces of Islam: The House of Sa'ud from Tradition to Terror.*
12. Adam Garfinckle, *NI*, No. 67 (spring 2002), p. 145.
13. David H. Hackworth, "Fire the Losers before the Army Goes Down," *Orlando Sun-Sentinel*, 14 August 2003, p. 21.
14. David H. Hackworth, "Try a Little Decent Leadership," *Defense Watch* (sftt.org/Internet), 22 July 2003.
15. "Statement by Usama Bin Ladin," *AJSCT*, 3 November 2001.
16. Ralph Peters, *Fighting for the Future: Will America Triumph?* p. 132.
17. Mark Helprin, "Failing the Test of September 11," *WSJ*, 16 September 2002.
18. Kenneth Minogue, "Religion, Reason, and Conflict in the 21st Century (Book Review)," *NI*, no. 72 (summer 2003), p. 129.
19. J. Reston Jr., *Warriors of God: Richard the Lion Heart and Saladin in the Third Crusade.*, p. 12.
20. "Prominent Saudi Cleric Issues Anti-War Fatwa," *islamtoday.net* (Internet), 4 March 2003.
21. *Waaqiah* (Internet), 26 October 2002.
22. Michael Ignatieff, *NYTM*, 7 September 2003.
23. Ralph Peters, *Beyond Terror: Strategy in a Changing World*, pp. 220-221.
24. Michael Ignatieff, "The American Empire (Get Used to It)," NYTM, 5 January 2003.
25. Quoted at hhtp://www.thisnation.cm/library/jqadams.html.
26. Ralph Peters, *Fighting for the Future: Will America Triumph?* p. 46.
27. *Ibid.*, *Beyond Terror: Strategy in a Changing World*, p. 337.

終章　楽観の根拠はない

1. Peter G. Tsouras (ed.), *Civil War Quotations*, p. 104.
2. George F. Tenet, "The Worldwide Threat 2004: Challenges in a Changing Global Context," Statement to the Senate Select Committee on Intelligence, 24 February 2004, *www.cia.gov*.
3. *Ibid.*
4. *Ibid.*

■参考文献（注：包括的な参考文献は、www.brasseysinc.com.を参照のこと）■

●ビン・ラディンの声明、インタビュー、書簡類（年代順に）

Miller, John. "An Exclusive Interview with Usama Bin Ladin: Talking to Terrorism's Banker," *ABCNEWS.com* (Internet), 28 May 1998.

"Usama Interview: Not Up to Him to Call a Holy War," *Takbeer*, 5-12 August 1999, p. 22.

"Interview with Usama Bin Ladin," *Ummat*, 28 September 2001, pp. 1, 7.

"Statement by Usama Bin Ladin," *Al-Jazirah Satellite Channel Television*, 3 November 2001.

Mir, Hamid. "U.S. Using Chemical Weapons-Usama Bin Ladin," *Ausaf*, 10 November 2001, pp. 1, 7.

"Message from Usama Bin Ladin to the Youth of the Muslim Ummah," *Markaz al-Dawa* (Internet), 13 December 2001.

"Transcript of Usama Bin Laden Videotape," *CNN.com*, 13 December 2001.

"Statement by Al-Qaida Leader Usama Bin Ladin," *Al-Jazirah Satellite Channel Television*, 27 December 2001.

"About the Heroes' Will and the Legitimacy of the New York and Washington Operations," *Al-Neda* (Internet), 24 April 2002.

"Exclusive Transcript of Previously Unaired Interview with Usama Bin Ladin," *Qoqaz* (Internet), 23 May 2002.

"Poems by Usamah and Hamzah Bin Ladin," *arabforum.net* (Internet), 30 June 2002.

"A New Bin Ladin Speech," *Middle East Media Research Institute/MEMRI* (Internet), no. 539, 18 July 2002.

"Letter to the Afghan People," *IslamOnline.net* (Internet), 25 August 2002.

"A Day That Shocked the World," *Al-Jazirah Satellite Channel Television*, 10 September 2002.

"Statement by Usama Bin Ladin," *Al-Jazirah Satellite Channel Television*, 6 October 2002.

"Statement by Shaykh Usama Bin Ladin, May God Protect Him, and [the] al-Qaida Organization," *Al-Qal'ah* (Internet), 14 October 2002.

"Azzam Exclusive: Letter from Usamah Bin Mohammad Bin Ladin to the American People," *Waaqiah.com* (Internet), 26 October 2002.

al-Nakhah, Zuhayr, "Islamic Studies and Research Center Slaps at Al-Majallah Magazine and Its Mercenaries: We Subjected the Alleged Will to an Examination That Shows It to Be the Will of Al-Majallah Magazine, Not of [the] Shaykh," *Al-Qal'ah* (Internet), 30 October 2002.

"Statement from Abdallah Usama Bin Ladin to the Peoples of the Countries Allied to the Tyrannical U.S. Government," *Al-Neda* (Internet), 21 November 2002.

"Bin Ladin in a Special Message to the 'People of the Peninsula': Take Up Arms to Defend Your Honor. Warns of 'Critical Days and All-Out War," Al-Quds *Al-Arabi*, 28 November 2002, p. 1.

"Message to Our Brothers in Iraq by Usama Bin Ladin, Leader of [the] al-Qaida Organization," *Al-Jazirah Satellite Channel Television*, 11 February 2003.

"Exposing the New Crusader War-Usama Bin Ladin-February 2003," *Waaqiah* (Internet), 14 February 2003.
"A Statement by Usama Bin Ladin entitled: 'Abdallah's initiative... The Great Treason,' " *www.cybcity.com/mnzmas/osam.htm*, 1 March 2003.
"Statement of Usama Bin Ladin to Iraqis and Americans," *Al-Jazirah Satellite Channel Television*, 18 October 2003.

●書籍

Abdo, Genieve. *No God But God: Egypt and the Triumph of Islam*. New York: Oxford University Press, 2000, xi and 223 p.
Anonymous. *Through Our Enemies' Eyes: Osama bin Laden, Radical Islam, and the Future of America*. Washington, D.C.: Brassey's, Inc., 2001, xix and 394p.
Baer, Robert. *See No Evil: The True Story ofa Ground Soldier in the CIA's War on Terrorism*. New York: Three Rivers Press, 2002, xix and 292p.（邦訳は佐々田雅子訳『CIAは何をしていた？』新潮社）
Benjamin, Daniel, and Steven Simon. *The Age of Sacred Terror*. New York: Random House, 2002, xiii and 490p.
Biddle, Stephen. *Afghanistan and the Future of Warfare: Implications for Army and Defense Policy*. Carlisle, PA: Strategic Studies Institute, U.S. Army War College, 2002, ix and 58p.
Burke, Jason. *Al Qaeda: Casting a Shadow of Terror*. London and New York: I.E. Tauris and Co., Ltd., 2003, vii and 292p.（邦訳は坂井定雄・伊藤力司訳『アルカイダ』講談社）
Crile, George. *Charlie Wilson's War: The Extraordinary Story of the Largest Covert Operation in History*. New York: The Atlantic Monthly Press, 2003, 560p.
Emerson, Steven. *American Jihad: The Terrorists Living Among Us*. New York: The Free Press, 2003, p. 177.
Ewans, Martin. *Afghanistan: A Short History of Its People and Politics*. New York: HarperCollins, 2002, ix and 244p.
Al-Fahd, Shaykh Nasir bin-Hamid al-Fahd, *A Treatise on the Legal Status of Using Weapons of Mass Destruction Against Infidels, www.al-fhd.com* (Internet), 1 May 2003.
Grau, Lester A., and Michael A. Gress (eds. and translators). *The Soviet-Afghan War: How a Superpower Fought and Lost*. Lawrence, KS: University of Kansas Press, 2002, xxvii and 364p.
Gunaratna, Rohan. *Inside al Qaeda: Global Network of Terror*. New York: Columbia University Press, 2002, xiii and 272p.
Hanson, Victor Davis. *Autumn of War: What America Learned from September 11th and the War on Terrorism*. New York: Anchor Books, 2002, xx and 218p.
Hedges, Chris. *War Is a Force That Gives Us Meaning*. New York: Anchor Books, 2002, 21Ip.（邦訳は中谷和男訳『戦争の甘い誘惑』河出書房新社）
Huntington, Samuel P. *The Clash of Civilizations and the Remaking of World Order*. New York: Touchstone, 1997, 367p.（邦訳は鈴木主税訳『文明の衝突』集英社）
Johnson, James Turner, and John Kelsay. *The Holy War in Western and Islamic Traditions*. University Park, PA: Pennsylvania State University Press, 1997, ix and

185p.
Kaplan, Robert D. *Warrior Politics: Why Leadership Requires a Pagan Ethos*. New York: Vintage Books, 2002, xxii and 198p.
———. *Soldiers of God: With Islamic Warriors in Afghanistan and Pakistan*. New York: Vintage Books, 2001, xxi and 278p.
Lewis, Bernard. *The Crisis of Islam: Holy War and Unholy Terror*. New York: The Modern Library, 2003, xxxii and 184p.（邦訳は中山元訳『聖戦と聖ならざるテロリズム』（紀伊国屋書店）
———. *What Went Wrong? Western Impact and Middle East Response*. New York: Oxford University Press, 2002, vii and 180p.（邦訳は臼井陽監訳『イスラム世界はなぜ没落したか？』日本評論社）
Machiavelli, Nicolo. *The Prince* (translated by N.H. Thomson). New York: Barnes and Noble Books, 1994, 92p.（邦訳は河島英昭訳『君主論』岩波文庫）
Magnus, Ralph H., and Eden Naby. *Afghanistan: Mullah, Marx, and Mujahid*. Boulder, CO: Westview Press, 2002, xiv and 289p.
Meade, William Russell. *Special Providence: American Foreign Policy and How It Changed the World*. New York: Routledge, 2002, xviii and 378p.
Peters, Ralph. *Beyond Terror: Strategy in a Changing World*. Mechanicsburg, PA: Stackpole Books, 2002, xii and 353p.
———. *Fighting for the Future: Will America Triumph?* Mechanicsburg, PA: Stackpole Books, 1999, xii and 210p.
Reston Jr., James. *Warriors of God: Richard the Lion Heart and Saladin in the Third Crusade*. New York: Anchor Books, 2001, xxi and 410p.
Ruthven, Malise. *A Fury for God: The Islamist Attack on America*. London: Granta Books, 2002, xxii and 324p.
Schwartz, Stephen. *The Two Faces of Islam: The House of Sa'ud from Tradition to Terror*. New York: Doubleday, 2002, xxii and 312p.
Shadid, Anthony. *Legacy of the Prophet: Despots, Democrats, and the New Politics of Islam*. Boulder, CO: Westview Press, 2001, xi and 340p.
Tsouras, Peter G. (ed.). *Civil War Quotations: In the Words of the Commanders*. New York: Sterling Publishing Co., Inc., 1998, 288 p.
Woodward, Bob. *Bush at War*. New York: Simon & Schuster, 2002, xix and 382p.（邦訳は伏見威蕃訳『ブッシュの戦争』日本経済新聞社）
Zawahiri, Ayman. *Loyalty and Enmity: An Inherited Doctrine and a Lost Reality. London*: No Publisher, December, 2002, n.p.
『コーラン』井筒俊彦訳、岩波書店

●記事

Ajami, Fouad, "Hail the American Imperium," *U.S. News and World Report*, 11 November 2002, p. 16.
Allison, Graham, "Could Worse Be Yet to Come?" *The Economist*, 3-9 November 2001.
al-Ansari, Sayf, "And Fight the Unbelievers Totally," *Al-Ansar* (Internet), 27 February 2002.
———. "Fight the Friends of Satan," *Al-Ansar* (Internet), 28 January 2002.

al-Ansari, Sayf al-Din, "They Will Not Cease to Fight with You," *Al-Ansar* (Internet), 15 January 2002.

Atwan, Abd-al-Bari, "A Recipe for Spreading Extremism," *Al-Quds Al-Arabi*, 21 October 2002, p. 1.

———. "The Arab View-Americans Are Masters of Destruction: The U.S. Is Driving the Muslim World to Hatred," *The Observer* (Internet version), 10 March 2002.

Bacevich, Andrew J., "The Nation at War," *Los Angeles Times*, 20 March 2003.

———. "The Long Battle Ahead," *Los Angeles Times*, 21 July 2003.

———. and Sebastian Mallaby, "New Rome, New Jerusalem," *Wilson Quarterly*, vol. 26, issue 3 (summer 2002), p. 50.

Baldauf, Scott, "Portrait of an al Qaeda Camp," *Christian Science Monitor*, 17 January 2003, p. 1.

Bellamy, Christopher, "He May Look Medieval, but Bin Ladin is Modern Tactician of Real Genius..." *The Independent* (Internet version), 24 September2001.

Benjamin, Daniel, and Steven Simon, "The Worst Defense," *New York Times*, 20 February 2003.

———. "The Next Debate: Al Qaeda Link," *New York Times*, 20 July 2003.

Bergen, Peter L., "Al Qaeda's New Tactics," *New York Times*, 15 November 2002.

Bergner, Daniel, "Where the Enemy Is Everywhere and Nowhere," *New York Times Magazine*, 20 July 2003, p. 38.

Betts, Richard K., "The Soft Underbelly of American Primacy: Tactical Advantages of Terror," *Political Science Quarterly*, vol. 1 17, no. 1 (spring 2002), p.19.

Boot, Max, "Forget Vietnam-History Deflates Guerrilla Mystique," *Los Angeles Times*, 6 April 2002.

Byman, Daniel, "Scoring the War on Terrorism, *National Interest*, no. 72 (summer 2002), pp. 75-84.

Chipman, Don, "Air Power and the Battle for Mazar-e Sharif," *Air Power History*, Vol. 50, No. 1, (Spring 2003), p. 34.

———. "Osama Bin Laden and Guerrilla War," *Studies in Conflict and Terrorism*, vol. 26, no. 3 (2003), pp. 163-170.

Chivers, C.J., "Instruction and Methods from al Qaeda Took Root in Iraq with Islamic Fighters," *New York Times*, 27 April 2003.

———. and David Rohde, "Turning Out Guerrillas and Terrorists to Wage Holy War," *New York Times*, 18 March 2002, p. A-l.

Cook, David, "The Recovery of Radical Islam in the Wake of the Defeat of the Taleban," *Terrorism and Political Violence*, vol. 15, no. 1 (spring 2003), pp. 31-56.

———. "How the Afghan War Was Won," *Jane's Intelligence Review*, vol. 14, no. 2, (February 2002).

Daw, Bassam, "The United States' 'Racism,' " *Al-Watan*, 6 May 2002.

Doran, Michael, "The Pragmatic Fanaticism of al Qaeda: An Anatomy of Extremism in Middle Eastern Politics," *Political Science Quarterly*, vol. 117, no. 2 (summer 2002), pp. 177-190.

———. "Palestine, Iraq, and American Strategy," *Foreign Affairs*, vol. 82, no. 1 (January/February 2003), p. 19.

Eedle, Paul, "Al Qaeda Takes Fight for 'Hearts and Minds' to Web," *Jane's Intelligence Review*, vol. 14, no. 8 (August 2002).
Friedman, Thomas, "No Mere Terrorist," *New York Times*, 24 March 2002.
Fukuyama, Francis, "The Real Intelligence Failure?" *Wall Street Journal*, 5 August 2003.
Ghazi, Siavosh, "Defend Afghanistan: Interview with Gulbuddin Hekmatyar," *Le Soir*, 2 October 2001, p. 6.
Gunaratna, Rohan, "Confronting the West: Al Qaeda's Strategy after 11 September," *Jane's Intelligence Review*, vol. 14, no. 7 (July 2002).
Harris, Lee, "Al Qaeda's Fantasy Ideology," *Policy Review* (August/September 2002), pp. 19-36.
Hawkins, William R., "What Not to Learn from Afghanistan," *Parameters*, vol. 33, no. 2 (summer 2002).
Hayes, Stephen F., "Uncle Sam's Makeover," *Weekly Standard*, 3 June 2003.
Hekmatyar, Gulbuddin, "An Open Letter to the Leader of the Democratic Party of the United States and Members of His Party in Congress," *Afghan Islamic Press*, 7 October 2002.
Helprin, Mark, "Failing the Test of September 11," *Wall Street Journal*, 16 September 2002.
Hoffman, Bruce, "Rethinking Terrorism and Counterterrorism Since 9/11," *Studies in Conflict and Terrorism*, vol. 25 (2002), pp. 303-316.
———. "The Leadership Secrets of Osama Bin Laden: The Terrorist as CEO," *Atlantic Monthly* (April 2002), pp. 26-27.
Huwaydi, Fahni, "Interview with Afghan Leader Abd-Rab-al-Rasul Sayyaf," *Al-Sharq Al-Awsat*, 10 February 2002, p 6.
Ignatieff, Michael, "The American Empire (Get Used to It)," *New York Times Magazine*, 5 January 2003.
———. "Why Are We in Iraq? (And Liberia? And Afghanistan?)," *New York Times Magazine*, 7 September 2003.
Iqbal, Moshin, "Interview with Taleban Supreme Leader Mullah Mohammad Omar," *Pakistan*, 29 April 2002, p. 9.
Jenkins, Brian M., "This Time It Is Different," *San Diego Union-Tribune*, 16 September 2001.
Johnson, James Turner, "Jihad and Just War," *First Things: A Journal of Religion and Public Life* (June-July 2002), p. 12.
Jones, Martin Jones, "Out of Bali: Cybercaliphate Rising," *National Interest*, no. 71 (spring 2003), pp. 75-85.
Robert D. Kaplan, "Supremacy by Stealth," *Atlantic Monthly* (July-August 2003), pp. 65-83.
Kokita, Kiyohito, and Yuji Moronaga, "Terrorist Asks Writer to Compile a Biography-Testimony of Pakistanis Who Have Met with BinLaden," *AERA Magazine*, 8 October 2001, pp. 18-20.
Kurtz, Stanley, "The Future of 'History': Francis Fukyama vs. Samuel P. Huntington," *Policy Review* (June-July 2002), p. 43.
Lake, Eli J., "Noise Pollution: Al Qaeda's Misinformation War," *New Republic Online*

(Internet), 4 November 2002.
Lewis, Bernard, "Time for Toppling," *Wall Street Journal*, 27 September 2002.
———. "Deconstructing Osama and His Evil Appeal," *Wall Street Journal*, 23 August 2002.
Lieven, Anatol, "The Empire Strikes Back," *The Nation*, 7 July 2003, pp. 25-30
Lindberg, Tod, "Deterrence and Prevention," *Weekly Standard.*, 3 February 2003.
Lobel, Jules, "The Use of Force to Respond to Terrorist Attacks: The Bombing of Afghanistan and Sudan," *Yale Journal of International Law.*, vol. 24, no. 2 (summer 1999), p. 522.
Lowe, Christian, "Nation Building," *Weekly Standard.com* (Internet), 6 February 2003.
Lowe, Christopher, "What Not to Do: The Soviets' Afghanistan War," *Defense Week*, 1 October 2001, p. 1.
Massing, Michael, "Losing the Peace," *The Nation*, 13 May 2002, p. 11.
Mayer, Jane, "The House of Bin Laden," *New Yorker*, 12 November 2001.
———. "The Search for Osama," *New Yorker*, 4 August 2003.
Mullins, Dennis, "Call It By Any Other Name, It Still Adds Up to a Crusade," *New York Times*, 5 January 2003.
O'Hanlon, Michael, "A Flawed Masterpiece: Assessing the Afghan Campaign," *Foreign Affairs*, vol. 81, no. 3 (May/June 2003).
Paz, Re'uven, "Global Jihad and the United States: Interpretation of the New World Order of Usama Bin Ladin," *http://gloria.idc.ac.il* (Internet), 6 March 2003.
Peters, Ralph, "The New Warrior Class Revisited," *Small Wars and Insurgencies*, vol. 13, no. 2 (summer 2002), p. 16.
———. "The Plague of Ideas," *Parameters*, vol. 30, no. 4 (winter 2000).
———. "Rolling Back Radical Islam," *Parameters*, vol. 32, no. 3 (autumn 2002).
———. "The Saudi Threat," *Wall Street Journal*, 4 January 2002.
Pipes, Daniel, "Jihad and the Professors," *Commentary* (November 2002), pp. 17-21.
al-Qurashi, Abu-Ubayd, "The Autumn of Iraqi Fury," *Al-Ansar* (Internet), 24 August 2002.
———. "The Illusions of America," *Al-Ansar* (Internet), 22 September 2002.
———. "Al-Qaida and the Art of War," *Al-Neda* (Internet), 13 June 2002.
———. "The al-Aqsa Intifadah: a Fruitful Jihad and Continued Dedication," *Al-Ansar* (Internet), 8 October 2002.
———. "America's Nightmares," *Al-Ansar* (Internet), 13 February 2002.
———. "Why Did Baghdad Fall?" *Al-Ansar* (Internet), 17 April 2003.
———. "A Lesson in War," *Al-Ansar* (Internet), 19 December 2002.
Rashid, Ahmed, "The Other Front," *Wall Street Journal*, 11 February 2003.
———. "The Other Front (Cont.)," *Wall Street Journal*, 24 March 2003.
———. "Dangerous Neighbors," *Far Eastern Economic Review*, 19 January 2003.
———. "Taking the Initiative, Karzai Seeks to Extend Kabul's Writ," *Wall Street Journal*, 3 January 2003.
———. "The Net Tightens on Al Qaeda Cells," *Far Eastern Economic Review*, 13 March 2003.
Rohde, David, "Verses from Bin Ladin's War: Wielding the Pen as a Sword of Jihad,"

New York Times, 7 April 2002, p. 20.
Rubin, Barnett R., and Andrea Armstrong, "Regional Issues in the Reconstruction of Afghanistan," *World Policy Journal*, vol. 20, no. 1 (spring 2003).
Seaquist, Larry, "Bin Laden's Innovations," *Christian Science Monitor*, 8 August 2002, p. 9.
Seib, Gerald F., "What Bin Laden Is Doing and Why It Matters," *Wall Street Journal*, 19 February 2003.
Simon, Steven, "The New Terrorism: Securing the Nation against a Messianic Foe," *Brookings Review*, vol. 21, no. 1 (winter 2003) p. 18.
Stern, Jessica, "The Protean Enemy," *Foreign Affairs*, vol. 82, no. 4 (July-August 2003), p. 27.
Stone, Peter H., "Can We Fight Iraq and Hunt al-Qaida," *National Journal*, 22 February 2003, p. 579.
Traub, James, "Osama, Dead or Alive," *New York Times Magazine*, 29 December 2002, p. 7.
Weir, Fred, "Shifting Tactics in Chechnya," *Christian Science Monitor*, 30 December 2002, p. 1.
Zakaria, Fareed, "How to Fight the Fanatics," *Newsweek*, 9 December 2002.
———. "Don't Feed the Fundamentalists," *Newsweek*, 28 October 2002.

【ら】

【わ】

【な】

【は】

【た】

【さ】

【か】

■索引（太字は下巻、細字は上巻のページ数）■

【英数字】

【あ】

■著者略歴

マイケル・ショワー（Michael Scheuer）

元CIA（アメリカ中央情報部）テロ対策担当者。1996年から3年間、アルカイダ担当部長を務めた。Anonymous（匿名）で2004年7月に本書を出版、その真っ当かつ過激な内容は、全米を驚愕させた。同年11月、20年以上務めたCIAを退職。著書に *Through Our enemies' Eyes: Osama bin Laden, Radical Islam, and the Future of America*（2003年、邦訳なし）。

■訳者略歴

松波俊二郎（まつなみ・しゅんじろう）

翻訳家。1956年生まれ。欧米のミステリー、ノンフィクションの翻訳を中心に活躍。

帝国の傲慢〈下〉

二〇〇五年三月七日　第一刷発行

著者　マイケル・ショワー

訳者　松波俊二郎

発行者　斎野亨

発行　日経BP社

発売　日経BP出版センター

〒102─8622　東京都千代田区平河町二─七─六

電話　〇三─三二二一─四六四〇（編集）

〇三─三二三八─七二〇〇（販売）

http://store.nikkeibp.co.jp/

装丁　本山木犀

本文デザイン　内田隆史

製作　クニメディア株式会社

印刷・製本　中央精版印刷株式会社

Printed in Japan 2005

ISBN4-8222-4440-7